Heribert Schmitz

Raus aus der Demotivationsfalle

AF155696

Heribert Schmitz

Raus aus der Demotivationsfalle

Wie verantwortungsbewusstes Managemer
Vertrauen, Leistung und Innovation fördert

GABLER

Bibliografische Information Der Deutschen Bibliothek
Die Deutsche Bibliothek verzeichnet diese Publikation in der Deutschen
Nationalbibliografie; detaillierte bibliografische Daten sind im Internet über
<http://dnb.ddb.de> abrufbar.

1. Auflage 2005

Alle Rechte vorbehalten
© Betriebswirtschaftlicher Verlag Dr. Th. Gabler/GWV Fachverlage GmbH,
Wiesbaden 2005
Softcover reprint of the hardcover 1st edition 2005

Lektorat: Ulrike M. Vetter

Der Gabler Verlag ist ein Unternehmen von Springer Science+Business Media.
www.gabler.de

Das Werk einschließlich aller seiner Teile ist urheberrechtlich ge-
schützt. Jede Verwertung außerhalb der engen Grenzen des Urhe-
berrechtsgesetzes ist ohne Zustimmung des Verlags unzulässig und
strafbar. Das gilt insbesondere für Vervielfältigungen, Übersetzungen,
Mikroverfilmungen und die Einspeicherung und Verarbeitung in
elektronischen Systemen.

Die Wiedergabe von Gebrauchsnamen, Handelsnamen, Warenbezeichnungen usw.
in diesem Werk berechtigt auch ohne besondere Kennzeichnung nicht zu der Annahme, dass solche Namen im Sinne der Warenzeichen- und Markenschutz-Gesetz-
gebung als frei zu betrachten wären und daher von jedermann benutzt werden dürf-
ten.

Umschlaggestaltung: Nina Faber de.sign, Wiesbaden
Satz: FROMM MediaDesign GmbH, Selters/Ts.

Gedruckt auf säurefreiem und chlorfrei gebleichtem Papier

ISBN-13: 978-3-322-84418-7   e-ISBN-13: 978-3-322-84417-0
DOI: 10.1007/978-3-322-84417-0

Stimmen zum Buch

„Heribert Schmitz hat ein großes Thema beherzt in Angriff genommen und es ist ihm gelungen, die Notwendigkeit der Prinzipien einer vertrauenswürdigen Führung herauszustellen, ohne dabei vor allem die Maßgeblichkeit der Interessen, Überzeugungen und Wertvorstellungen der Mitarbeiter übergangen zu haben. Heribert Schmitz' langjährige Erfahrung überzeugt."

Helga Haub, Mitinhaberin Tengelmann Gruppe

„Dieses Buch sollte von jedem Manager auf jedem Level in den Vereinigten Staaten und in Europa gelesen werden. Es hilft den Managern, sich auf die Menschen als dem wichtigsten Asset zu fokussieren. Dies ist entscheidend für die Antwort auf die Frage, ob das Business sich nun restrukturiert oder neu erfinden muss."

Fred Irwin, CEO, Citygroup Global Markets Deutschland, und
President, American Chamber of Commerce in Deutschland

„Vertrauen ist ein wertvolles Kapital nicht nur in Unternehmen, sondern in unserer Gesellschaft überhaupt. Heribert Schmitz plädiert für eine Kultur des Wollens, in der Mitarbeiterinnen und Mitarbeiter motiviert werden, ihre Talente in Leistung umsetzen können und Freude an ihrer Leistung gewinnen. Diese Kultur des Wollens wünsche ich mir für unsere ganze Gesellschaft."

Dr. Annette Schavan, MDL, Ministerin für Kultus, Jugend
und Sport des Landes Baden-Württemberg

„Heribert Schmitz behandelt ein Thema, das alle Unternehmen und jeden Unternehmer angeht: Wie soll ein Unternehmer mit seinen Mitarbeitern umgehen? Er hat 33 Jahre in verschiedenen Managementaufgaben gewirkt. Er kennt Unternehmen von innen und hatte Verantwortung für das, worüber er schreibt.

Zwei Kerngedanken sind bemerkenswert. Zum einen: 85 Prozent der Mitarbeiter eines Unternehmens seien leistungswillig und loyal, meint er. Aber die Führungsmechanismen der meisten Unternehmen seien so angelegt, dass man die 10 oder 15 Prozent Unwilligen durch Kontrolle zur Mitarbeit zwinge und dabei erreiche, die 85 Prozent Gutwilligen zu demotivieren.

Zum anderen: Er plädiert für eine Philosophie des Vertrauens. Es gehe für Vorgesetzte aller Stufen darum, Vertrauen zu gewinnen und Vertrauen zu haben. Damit erreiche man ein Maximum an Leistung des gesamten Unternehmens.

Ein gleichermaßen anregendes wie nachdenklich machendes Buch."

Prof. Dr.-Ing. eh. Berthold Leibinger, geschäftsführender
Gesellschafter der Trumpf Gruppe, Ditzingen

„Dieses Buch gibt Antworten auf die Frage, welche Verantwortung das Management in allen Unternehmen und auf allen Ebenen für die Leistungs- und Innovationsfähigkeit und die Veränderungsbereitschaft der Mitarbeiter hat. Es zeigt Wege und Möglichkeiten auf, wie dies erreicht werden kann. Eine Umsetzung der Konzepte würde enorme Energien freisetzen und den Standort Deutschland nachhaltig verbessern."

Prof. Dr.-Ing. August-Wilhelm Scheer, Universität Saarbrücken,
und Vorsitzender des Aufsichtsrats IDS-Scheer, Saarbrücken

Inhaltsverzeichnis

Geleitwort

Dieses Buch stellt einen wichtigen Beitrag zur Managementliteratur dar, und ich hoffe, es erhält die Anerkennung, die es verdient.

Die beiden Gründer von Hewlett-Packard, Bill Hewlett und David Packard, haben ein neues Paradigma für die Managementpraxis und für die Beziehungen zwischen Arbeitgeber und Arbeitnehmer etabliert. Diese Kräfte verbunden mit den außergewöhnlichen Persönlichkeiten von Bill Hewlett und Dave Packard und ihren Mitarbeitern ermöglichten es, eine Organisation zu entwickeln, die in der Tat die Mitarbeiter inspirierte, das Beste zu geben. Das Buch von Heribert Schmitz gibt viele der wichtigen Konzepte wieder und hält so einen Teil der HP-Historie fest.

Schmitz stützt sich auf mehr als 20 Jahre Managementerfahrung bei Hewlett-Packard (in Deutschland und Europa). Er analysiert die wichtigen Managementkonzepte, die HP (Deutschland) so erfolgreich gemacht haben, und vermittelt die Quintessenz daraus. Aber es ist kein Geschichtsbuch, im Mittelpunkt steht das Geschäftsleben von heute. Laut Schmitz befinden sich Industrieunternehmen heute an einem Scheideweg. Jeder versteht, dass wir Wandel brauchen; wesentlich ist allerdings die Frage, wie wir den Wandel umsetzen – mit hoch motivierten Mitarbeitern, mit der Art von Mitarbeitern, die wir bei Hewlett-Packard in den 1950er bis zu den 1980er Jahren erlebt haben.

Dieses Buch sagt Ihnen wie.

Lebte Bill Hewlett heute noch, ich bin sicher, dass er dieses Buch begrüßen würde und ihm seine höchste Unterstützung bekundete. Die Prinzipien, die er und Dave Packard während ihrer Zeit bei HP etabliert haben, werden hier wieder lebendig.

Das Buch ist ein Muss für Menschen auf allen Ebenen, die wissen wollen, wie sie ihr Unternehmen erfolgreicher führen und wie sie Arbeitsplätze schaffen können in ihren Unternehmen, in denen es einfach Spaß macht zu arbeiten.

Walter B. Hewlett[*]
(Sohn von Bill Hewlett)
Director for Computer Assisted Research and Humanities
Chairman of the William and Flora Hewlett Foundation,
Menlo Park, USA

---

[*] Walter B. Hewlett ist Vorsitzender und Mitglied in verschiedenen Beiräten unter anderem an den Universitäten von Harvard und Stanford und war beziehungsweise ist Mitglied der Boards of Directors von großen Unternehmen wie Hewlett-Packard, Agilent Technologies, Vermont Telephone Company und Ibycus Corporation. Er hat mehrere akademische Abschlüsse der Universitäten von Stanford und Harvard.

Vorwort

Wenn man die Managementliteratur in den letzten Jahren verfolgt, gewinnt man den Eindruck, dass die angebotenen Methoden sich in immer schnelleren Zyklen verändern und die Konfusion zunimmt. Das Management ist auf der Suche nach einem Konzept, wie man mit den Herausforderungen einer sich immer rasanter verändernden und nicht mehr vorhersagbaren Welt umgehen soll. Nichts scheint mehr stabil, alles ist in Bewegung, und wir leben zunehmend in einer Zeit der Unsicherheit. Einige der Management-Gurus sprechen bereits von einer Zeit des Chaos. Alwin Toffler nennt es in seinem Buch „Machtbeben" „terra incognita" und Michael Hammer sagt, „the traditional concepts are reaching the end of the road".

Ein weiteres Gebiet, welches zu großen Sorgen Anlass gibt, ist die Motivation der Mitarbeiter in den Unternehmen und Verwaltungen, welche über die letzten Jahre immer weiter abnimmt – wie laufende Studien zeigen. Hierdurch entstehen den Unternehmen und Volkswirtschaften enorme Schäden.

Es scheint so, als würden in der Geschäftswelt keine ethischen Maßstäbe mehr gelten. Gerade die Diskussionen in der letzten Zeit um die Gehälter des Topmanagements zeigen, wie weit wir uns von einer Unternehmensethik entfernt haben. Auch wenn oft von der Bedeutung einer Unternehmenskultur und der Notwendigkeit einer werteorientierten Führung gesprochen wird, ist in der Praxis davon wenig zu spüren.

Der Mitarbeiter wird in Sonntagsreden zwar immer als wichtigstes Gut für die Unternehmen bezeichnet, aber in der harten Wirklichkeit muss er feststellen, dass es damit nicht weit her ist und andere Dinge wesentlich wichtiger sind. Zwar hat sich die Diskussion von einer reinen „Shareholder"-Betrachtung zu einer Diskussion über die Stakeholder gewandelt, aber die notwendigen Konsequenzen werden meines Erachtens nicht gezogen. Die von Ludwig Erhard eingeführte soziale Marktwirtschaft hat es geschafft, einen fairen Ausgleich zwischen Arbeitgeber- und Arbeitnehmerinteressen zu schaffen. Hieran gilt es wieder anzuknüpfen.

Das Buch repräsentiert meine Erfahrungen, die ich in mehr als 30 Jahren Managementtätigkeit, bei meinen vielen Kontakten zu anderen Unternehmen und bei meiner Vortrags- und Vorlesungstätigkeit sammeln konnte. Ich zeige hier Wege auf, wie und welche Rahmenbedingungen zu schaffen sind, um eine hoch motivierte, leistungsorientierte und innovative Belegschaft zu entwickeln.

Es erfordert ein radikales Umdenken und die Akzeptanz, dass ein massiver Paradigmenwechsel in unserem Führungsverhalten und in der täglichen Managementpraxis notwendig ist und dass wir unsere Mitarbeiter aus Überzeugung in den Mittelpunkt unserer Bemühungen stellen. Die Aussage „Mitarbeiter sind unser wichtigstes Asset" würde damit endlich wahr.

Es werden die Abhängigkeiten verdeutlicht, welche solche Entwicklungen unterstützen beziehungsweise sie unterminieren. Ich zeige die Rahmenbedingungen für die Managementstrukturen auf und wie die Herausforderungen der Zukunft gemeistert werden können.

Das Buch wendet sich an alle Manager, aber insbesondere an Vorstände, Geschäftsführer und Aufsichtsräte, die daran interessiert sind, die Motivation der Mitarbeiter zu steigern und ein Klima für Leistung und Innovation zu schaffen.

Ich hoffe, die Leserinnen meines Buches nehmen es mir nicht übel, dass ich nur von Mitarbeitern, Managern und Kunden spreche. Bitte lesen Sie überall Mitarbeiterinnen und Mitarbeiter, Managerinnen und Manager, Kundinnen und Kunden.

Ich möchte sehr herzlich meinen früheren Mitarbeitern und Kollegen danken, die mir erst durch ihre Unterstützung in der täglichen Arbeit, aber auch durch ihr kritisches Feedback das Wissen und die Erkenntnisse einer erfolgreichen Führung ermöglicht haben. Besonderen Dank möchte ich an Eva Fänger, Andreas Fassbender, Peter Oswald und an Hartmut Sievert richten, die meinen ersten Entwurf kritisch kommentiert haben. Ein großes Dankeschön geht auch an meine liebe Frau Rosemarie, die mich bei der Idee, ein Buch zu schreiben, immer sehr stark unterstützt hat und großes Verständnis hatte, dass ich so viel Zeit investiert habe.

Ganz herzlich möchte ich mich auch bei Frau Helga Haub, Frau Dr. Annette Schavan, Herrn Fred Irwin, Herrn Professor Leibinger und Herrn Professor Scheer bedanken, die mir durch ihre Bereitschaft, das Buch im Entwurf zu lesen und mir hierzu ihre Einschätzung zu geben, sehr geholfen haben.

Heribert Schmitz

1. Situationsanalyse

Wie jüngste Studien von Gallup zeigen, stellen eine niedrige Motivation und eine geringe emotionale Bindung der Mitarbeiter in den Industrienationen ein weltweites Problem dar.

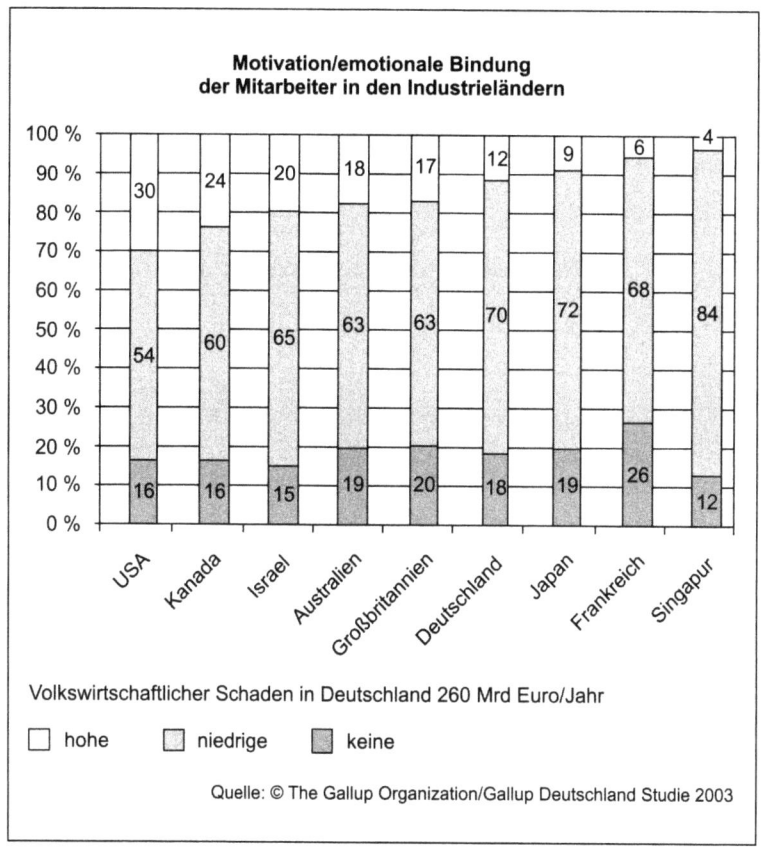

Abbildung 1

Deutschland befindet sich hier im unteren Drittel. Im Jahr 2003 waren nur noch zwölf Prozent der Mitarbeiter hoch motiviert. 70 Prozent der Mitarbeiter haben nur noch eine geringe Motivation – sie erledigen noch ihre Arbeit – und 18 Prozent sind überhaupt nicht mehr motiviert. Viele von diesen sind bereits destruktiv und arbeiten gegen das System. Gallup hat ermittelt, dass dies allein in Deutschland einen volkswirtschaftlichen Schaden von 260 Milliarden Euro pro Jahr verursacht. Eine unglaubliche Zahl, die uns alle zum Nachdenken veranlassen sollte. Und in den anderen Industrienationen sieht es nicht viel anders aus, zum Teil sogar noch schlechter. Die Zahlen für die Vereinigten Staaten sind etwas besser, aber im Vergleich zu dem, was möglich ist, sind auch diese Zahlen schlecht. Diese Zahlen in allen Industrienationen können nur als dramatisch bezeichnet werden. Die Auswirkungen, die diese Motivationswerte auf bestimmte Merkmale haben, zeigt Abbildung 2.

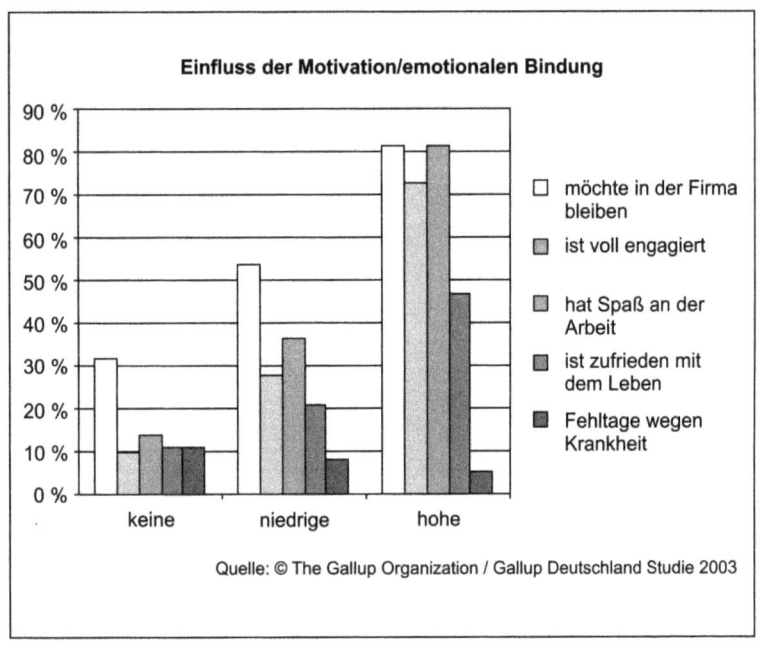

Abbildung 2

Die meisten Ergebnisse sind nicht überraschend. Es besteht eine klare Korrelation zwischen hoher Motivation und den Merkmalen, die von jedem Unternehmen anzustreben sind, wie zum Beispiel niedriger Krankenstand. Die am besten geführten Unternehmen in Deutschland haben einen Krankenstand, der zwischen einem und zwei Prozent liegt. Könnte man in allen Unternehmen und Verwaltungen den Krankenstand auf diese Werte reduzieren, so würde dies allein eine Kostenentlastung von 190 Milliarden Euro pro Jahr ausmachen. Was in dieser Darstellung allerdings etwas überrascht, ist, dass es auch eine klare Korrelation zwischen hoher Motivation und der Zufriedenheit mit dem Leben insgesamt gibt. Die landläufige Meinung stellt Arbeit immer noch als notwendiges Übel dar, die man halt machen muss, um zu leben, aber die Studie zeigt deutlich, dass hoch motivierte Mitarbeiter auch wesentlich zufriedener mit ihrem Leben sind.

Unproduktive Zeit			
Land	# Tage	Jahresarbeitszeit	Produktivität
Frankreich	127	1.483	60 %
Spanien	101	1.808	61 %
Vereinigte Staaten	93	1.865	64 %
Australien	96	1.766	63 %
Großbritannien	87	1.644	63 %
Deutschland	74	1.441	64 %

wegen unproduktiver Arbeit auf Grund von schlechter Planung, unzulänglichem Management, schlechter Arbeitsmoral ...

Quelle: Studie von Proudtfoot Consulting 2004

Abbildung 3

Eine 2004 veröffentlichte Studie von Proudfoot Consulting (Managing for Mediocrity) basierend auf Umfragen von Gallup hat ergeben, dass unproduktive Zeiten (siehe Abbildung 3) durch unzulängliche Planung und Controlling, häufige Planänderungen, nicht adäquates Management, schlechte Arbeitsmoral, ineffiziente Kommunikation ... in erheblichem Umfang vorhanden sind. Diese betragen allein für Deutschland 74 Tage pro Jahr, was bedeutet, dass nur 64 Prozent der vorhandenen Kapazität produktiv genutzt wird. Die unproduktiven Tage in den Vereinigten Staaten sind zwar um ca. 25 Prozent höher, dies wird aber durch die höheren Jahresarbeitszeiten kompensiert, sodass die durchschnittliche verfügbare Kapazität auch dort bei 64 Prozent liegt.

Die in der Studie angegebenen Gründe sind allerdings nur auf einer bestimmten Ebene richtig, da sie zum Beispiel angeben, dass unzulängliche Planung und nicht ausreichendes Controlling dafür verantwortlich sind. Ich sehe die Gründe dafür aber eine Ebene tiefer angesiedelt. Die Planung ist deshalb unzulänglich, weil das Management nicht versteht, wie effektiv und mit welchem Managementstil geführt werden muss, um zu konsistenten, abgestimmten und von allen Beteiligten getragenen Planungen und Zielsetzungen zu kommen.

Dieses Problem zeigt sich nicht nur bei nicht ausreichender Unternehmensplanung, sondern auch bei schlechter Planung, nicht klaren und nicht eindeutigen Zielen und ständig wechselnden Zielen, insbesondere auch bei Projekten. Professor Manfred Gröger von der Fachhochschule München hat in einer Studie ermittelt, dass jedes Jahr der deutschen Wirtschaft ein Schaden in Höhe von 150 Milliarden Euro durch unwirtschaftliche Projekte entsteht. Wesentliche Gründe sind unklare Weisungs- und Entscheidungskompetenz, diffuse Ziele, Führungsdefizite des Projektleiters, Überlastung der Mitarbeiter und mangelnde Qualifikation des Projektpersonals. Es wird zu wenig verstanden, was notwendig ist, um alle Beteiligten auf ein Ziel auszurichten (siehe hierzu auch Kapitel 6.5).

Nun kann man sicherlich nicht die in den Studien von Gallup, Proudfoot und Professor Gröger aufgezeigten Schäden addieren, da sie zumindest zum großen Teil überlappend zu sehen sind. Aber ich glaube, man kann ohne Übertreibung feststellen, dass für die Volkswirtschaften in den Industrienationen dramatische Schäden entstehen, die in einem globalen Wettbewerb unbedingt verhindert werden müssen und

18

meines Erachtens auch verhindert werden können. Ich befürchte, dass die Antwort, die wir auf diese Herausforderung geben werden, noch mehr direktive Eingriffe und noch mehr Kontrolle sein wird. Genau die Maßnahmen, die uns nach meiner Ansicht erst in diese unakzeptable Situation gebracht haben.

Zum Glück gibt es immer noch Unternehmen, die den negativen Trend nicht bestätigen, sondern über sehr hohe Motivationsraten (> 80 Prozent) verfügen und die Kapazitäten wesentlich effizienter nutzen. Und diese Unternehmen gibt es nicht nur in prosperierenden, sondern in *allen Branchen, in allen Größen und in allen Ländern.* Leider sind diese in der Minderheit.

Ich halte es daher für zulässig, den Schluss zu ziehen, dass diese schlechten Werte und die daraus entstehenden Schäden für die Volkswirtschaften vom jeweiligen Management zu verantworten sind und eine Konsequenz der heutigen Managementpraxis und der gelebten Führungsstile sind.

Interessanterweise sind die Unternehmen, die über hohe Motivationsraten verfügen, erfolgreicher als die Unternehmen, die über niedrige Motivationswerte verfügen, und zwar auch in den Branchen, die zurzeit mit Problemen zu kämpfen haben.

Eine weitere Studie von Gallup, die auf Ergebnissen aus 200.000 Unternehmen beruht und in der mehr als drei Millionen Mitarbeiter befragt wurden, zeigt, dass in Unternehmen mit hoch motivierten Mitarbeitern und mit klarer Kundenorientierung die Wachstumsraten dreimal so hoch sind und die Profitabilität um 50 Prozent höher liegt als in den Unternehmen, in denen dies nicht der Fall ist.

Unternehmen, die an der Weltspitze stehen, verstehen nicht nur ihren Wettbewerb, sondern sie vergleichen sich auch in Benchmarks mit den „Best-in-class"-Abteilungen aus anderen Branchen, die vergleichbare Leistungen erbringen. Es ist auch sehr aufschlussreich, wenn man die Leistungen einzelner Mitarbeiter innerhalb von Teams oder Teams in anderen Unternehmensteilen oder auch in anderen Ländern innerhalb des gleichen Unternehmens vergleicht. Die Unterschiede sind teilweise erheblich. Leistungsunterschiede von Faktor 3, in Ausnahmefällen sogar bis Faktor 10, sind nicht selten.

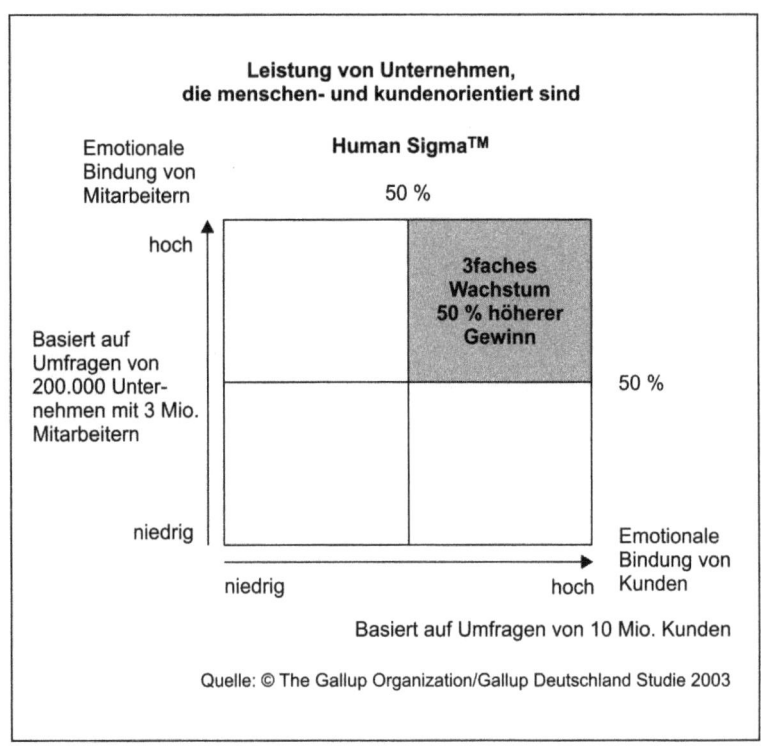

Abbildung 4

Meine Beobachtung ist, dass in den meisten Fällen dies dann der Fall ist, wenn wir Mitarbeiter haben, die selbst einen hohen Anspruch an Exzellenz haben, die in einem Gebiet arbeiten, welches ihren Neigungen und Talenten am besten entspricht und wo sie selbst die höchste Bestätigung und Befriedigung erleben können.

Nathan Myhrvold, der Chef-Technologe bei Microsoft, stellt sogar fest: Die Top-Softwareentwickler sind produktiver als die durchschnittlichen Softwareentwickler, nicht um einen Faktor zehn oder hundert oder sogar tausend. Die besten haben eine zehntausendfach höhere Produktivität. Qualitative Wissensarbeit ist so wertvoll, dass das Freisetzen des ganzen Potenzials eine außerordentliche Chance für alle Organisationen eröffnet, um Werte zu schaffen.

Hiervon könnten und sollten wir eine Menge lernen. Bedeutet dies nicht, dass wir die Möglichkeiten und das Potenzial bei weitem nicht ausschöpfen und die meisten Mitarbeiter Tätigkeiten ausführen, die nicht ihren Fähigkeiten und ihrem Potenzial entsprechen?

Was wird getan, um für diese Mitarbeiter optimale Voraussetzungen zu schaffen? Ist dies überhaupt ein Thema?

Ich werde im Kapitel 5.2 noch näher auf die Abhängigkeiten von Mitarbeiterzufriedenheit und Kundenzufriedenheit eingehen. Es ist erstaunlich, dass, obwohl diese Zusammenhänge seit langem bekannt sind und in den verschiedensten Publikationen auch immer wieder beschrieben wurden, sich dennoch im Managementverhalten nichts verändert, zumindest nicht zum Positiven.

Wenn man in Managementkreisen diskutiert, warum die Motivation auf der Mitarbeiterseite so gering ist, werden in der Regel externe Einflüsse wie die politischen, fiskalischen und gesellschaftlichen Rahmenbedingungen für die Situation und das geringe Engagement der Mitarbeiter verantwortlich gemacht. Ja, die externen Einflüsse sind sicherlich nicht zufriedenstellend und müssen nachhaltig verbessert werden, aber es sind die Rahmenbedingungen in unseren Unternehmen, die wir selbst zu vertreten haben, die für diese Situation zum großen Teil verantwortlich sind.

Natürlich gibt es auch externe Einflüsse, wie Diskontinuitäten in einzelnen Branchen, die dann große Restrukturierungsmaßnahmen nach sich ziehen und in der Konsequenz zu Motivationsproblemen führen. Aber sie spielen bei weitem nicht die entscheidende Rolle. Managementverhalten und Führungsstile haben den entscheidenden Einfluss auf die Motivation, Leistungsfähigkeit und Leistungsbereitschaft unserer Mitarbeiter.

Die Management-Methoden der letzten Jahre und Jahrzehnte waren nur zu einem gewissen Teil erfolgreich, wie zum Beispiel Reengineering, Change-Management, Kundenorientierung, M&A, Outsourcing.

Gibt es dafür gemeinsame Gründe? Es hat mit Sicherheit mit den massiven Veränderungen zu tun, mit denen wir in verstärktem Maße konfrontiert werden. Ständige Veränderungen sind nun einmal ein Fakt an dem wir nicht vorbeikommen und mit dem wir fertig werden müs sen. Aber es hat auch mit der Tatsache zu tun, dass wir unsere Mitar beiter nicht wie individuelle Persönlichkeiten behandeln, sondern wie Ressourcen, die zu funktionieren haben. Wir behandeln sie wie dei Teil einer Maschine, so wie wir es geplant haben. Und wenn wir sie nicht mehr brauchen, dann wird die Ressource eben freigesetzt. Abe wir haben es mit Menschen zu tun, mit ihren Stärken und Schwächen mit ihren unterschiedlichen Talenten und Fähigkeiten. Menschlich keit und Respekt bleiben bei dieser Sichtweise auf der Strecke. Die führt zwangsläufig zu Frustration, Desillusion und Demotivation Letztendlich geben die Mitarbeiter auf und haben innerlich gekün digt.

Die Ergebnisse der Gallup-Studie sind alarmierend, und wenn wir al Manager ehrlich sind, spüren wir selbst, dass die Situation von Jahr zu Jahr schlechter wird. Wann endlich wachen wir auf und stellen uns de Verantwortung?

In der Diskussion sind heute überwiegend Themen, wie sie in der Ab bildung 5 dargestellt sind.

Die meisten Unternehmen kämpfen mit Wachstumsproblemen. Wii erleben eine nie dagewesene Konsumzurückhaltung. Hat dies nich mit einer großen Verunsicherung zu tun? Die Menschen haben kein Vertrauen mehr, weder in die Politik noch in das eigene Management Darüber hinaus wird beklagt, dass auf Grund fehlender Innovation und starker Reglementierung wie zum Beispiel im Bereich der Bio technologie das Wachstum nicht ausreichend hoch ist.

Die Erfolgsraten von Unternehmenszusammenschlüssen und Über nahmen liegen nach Studien von A.T. Kearney nur bei 30 Prozent. Nur 40 Prozent aller Zusammenschlüsse halten länger als fünf Jahre und nur 20 Prozent haben den Aktienwert nachhaltig verbessert.

Als Gründe dafür werden oft der unterschätzte Widerstand, das Be harrungsvermögen der Mitarbeiter und die nicht zusammenpassen den Kulturen genannt. Die Integrationszeiten dauerten in der Regel wesentlich länger als geplant, auch wenn es hier Ausnahmen gibt.

Welche Schlagzeilen bestimmen heute die Diskussion?

- **Wachstum**
  - die meisten Unternehmen haben große Wachstumsprobleme
- **Mergers**
  - ca. 70 Prozent aller Mergers verfehlen das angestrebte wirtschaftliche Ziel
- **Reengineering**
  - menr als 50 Prozent aller Projekte erfolgen zu spät oder verfehlen ihr Ziel
- **Kundenfokus**
  - die meisten Unternehmen meinen kundenorientiert zu arbeiten
- **Innovationsdefizite**
  - große Defizite werden zugegeben
- **Globalisierung**
  - es gibt massive Widerstände gegen die Globalisierung
- **Wachstumsprobleme**
  - verkrustete Strukturen, Besitzstandswahrung, Innovationsdefizite
- **Veränderungsbereitschaft**
  - eine zu geringe Veränderungsbereitschaft wird beklagt
- **Innere Kündigung**
  - mehr als 50 Prozent der Mitarbeiter haben innerlich gekündigt

Abbildung 5

Wenn man sich anschaut, wie heute in einigen Unternehmen Downsizing praktiziert wird, wie Mitarbeiter entlassen werden, dann muss man den Eindruck gewinnen, dass wir alle Menschlichkeit und Gefühle verloren haben. Die „Guidelines", die heute von Firmen praktiziert werden, die sich auf solche Downsizingmaßnahmen spezialisiert haben, grenzen manchmal an Menschenverachtung.

Ich möchte hier nicht in Frage stellen, dass es Situationen gibt, in denen ein Unternehmen an einer Reduzierung der Belegschaft nicht vorbeikommt. Wenn wir die Notwendigkeiten für diese massiven Veränderungen und Maßnahmen offen und ehrlich kommunizieren und das Management über eine hohe Glaubwürdigkeit verfügt, dann werden die Mitarbeiter diese Veränderungen zwar auch nicht begrüßen, aber sie werden sie nicht mit so viel Frustration und Bitterkeit aufnehmen.

Es ist mehr eine Frage des Wie. Haben Mitarbeiter das Gefühl, das die Entlassung von Mitarbeitern wirklich die letzte Alternative war dass dieser Schritt wirklich notwendig war, um die Firma in einem gu ten und gesunden Zustand zu halten oder wieder in Form zu bringen Haben die Mitarbeiter den Eindruck, dass man sie bei allen Schwie rigkeiten mit Respekt und Würde behandelt? Haben wir alles getan damit die Mitarbeiter wieder einen neuen Job außerhalb des Unter nehmens finden? Haben wir im Falle von Outsourcing einen Partne ausgesucht, der auch Mitarbeiterinteressen beachtet und der das zu übernehmende Personal nicht nur als Verfügungsmasse sieht? Ode war ausschließlich der Verkaufspreis entscheidend und die Interesse der Betroffenen haben uns nicht besonders interessiert? Verstehe wir, welche menschlichen Schicksale hinter solchen Entscheidunge stehen? Verstehen wir, wie unsere Maßnahmen auf die Mitarbeite wirken, die im Unternehmen verbleiben? Würden wir gerne persön lich so behandelt werden?

Neben den Fragen des Abbaus von Arbeitsplätzen haben in der letzte Zeit auch die manchmal durch nichts zu rechtfertigenden Erhöhunge der Managementgehälter zu erheblichen Frustrationen bei den Men schen geführt. Es kann nicht angehen, dass die Vergütungen des Ma nagements massiv erhöht werden, während der Aktienwert in der glei chen Zeit massiv an Wert verloren hat – obwohl der Shareholder Value gerade das Credo dieser Manager war – und zur gleichen Zeit die Ein kommen der normalen Mitarbeiter nicht erhöht beziehungsweise zum Teil sogar reduziert wurden, oder dass Mitarbeiter aus wirtschaftli chen Gründen entlassen werden. Dies ist nicht akzeptabel, und wi dürfen uns nicht wundern, wenn unsere Mitarbeiter hierfür absolu kein Verständnis haben und das Management letztendlich jedes Ver trauen und jede Glaubwürdigkeit verspielt. Wie steht es um die Ver antwortung des Managements für die Konsequenzen getroffener Ent scheidungen?

Mit solchen Maßnahmen verärgern und frustrieren wir nicht nur die Mitarbeiter, die von solchen Maßnahmen direkt betroffen sind. Alle Mitarbeiter beobachten das Geschehen sehr genau und werden daraus ihre Schlüsse ziehen. Sie werden nicht vergessen, wie man ihre Kolle gen behandelt hat. Loyalität ist keine Einbahnstraße.

Man muss immer wieder daran erinnern, dass in aller Regel die Arbeit und die Wertschöpfung von den Mitarbeitern auf der untersten Hierarchiestufe erbracht wird und nicht vom Management. Nach meiner Philosophie hat das Management den Mitarbeitern zu dienen; es muss ihnen helfen, damit sie ihre Aufgaben bestmöglich erfüllen und ihre Talente bestmöglich in Leistung umsetzen können. Ist dies das heutige Managementverständnis?

Wie oft habe ich dagegen selbst beziehungsweise von Dritten gehört, dass die „tough guys", die harten Manager, Aussagen machten wie: „Man muss den Druck so lange erhöhen, bis Blut spritzt, und dann gibt man ein bisschen nach. Das ist dann der richtige Druck, um die beste Leistung aus den Mitarbeitern herauszuholen."

Überrascht es uns wirklich, dass Mitarbeiter sehr zornig werden und sich sehr kritisch zum Management stellen und dass sie jedes Vertrauen verloren haben? Wundert es uns, dass diese Mitarbeiter beginnen, gegen das System zu arbeiten und nur noch ihre eigenen Interessen sehen?

Meist wird argumentiert, dass man in schwierigen Zeiten harte Maßnahmen braucht. Man hat nicht die Zeit, lange zu diskutieren. An der Firmenspitze wird entschieden, und dann muss das umgesetzt werden, ohne Fragen, wenn notwendig, auch mit Druck. Es mag zwar zu kurzfristigen Erfolgen führen und die Mitarbeiter reagieren so, wie wir das erwartet haben, aber letztendlich nur aus Angst und nicht aus Überzeugung und Leidenschaft. Alle unsere Sonntagsreden, in denen wir die Mitarbeiter als unser wichtigstes Gut bezeichnen, sind reine Lippenbekenntnisse, wenn wir uns so verhalten. Warum nehmen wir so wenig Rücksicht auf die berechtigten Interessen unserer Mitarbeiter und deren Motivation?

Die meisten der Reengineering-Projekte erreichen nicht die ursprünglichen Ziele. Klar, wir sind clever. Wenn die ursprünglich erwarteten Ergebnisse nicht mehr erreichbar sind, dann werden die Ziele eben verändert, sodass wir am Ende sagen können, Ziele erfüllt. Selbst Michael Hammer, der „Reengineering-Guru", räumt in der Zwischenzeit ein, dass in den meisten Projekten der menschliche Faktor nicht ausreichend berücksichtigt wurde. Aber haben wir daraus gelernt? In der Zwischenzeit reden wir auch bei allen größeren Re strukturierungs- und Changeprojekten über kulturelle Aspekte. Abe dies wird als eine eigene Aufgabe gesehen. Es ist nicht Bestandteil de Hauptaktivitäten, sondern oft eine rein akademische Übung, um nich zu sagen: Alibiübung. Von den meisten Managern werden diese The men als hinderlich angesehen, Projekte schnell voran zu bringen.

Ich glaube, ein Grund dafür ist, dass viele Manager besorgt sind Macht und Einfluss zu verlieren, wenn man diesen Themen große Be deutung beimessen würde. Es würde bedeuten, dass sie ihren Füh rungsstil massiv verändern müssten.

Das mit Abstand wichtigste Element ist in diesem Zusammenhan; das Prinzip von Vertrauen und Respekt. Es ist die fundamentale Basi für gute Beziehungen zwischen Arbeitgeber und Arbeitnehmer bezie hungsweise zwischen Manager und Mitarbeiter. Über die Jahre hab ich erfahren, dass die Frage, welches Menschenbild der Manager hat hier von entscheidender Bedeutung ist. Vertrauen ohne ein positive Menschenbild ist letztendlich nicht möglich und wäre zu kurz gegrif fen. Stephen Covey führt in seinem Buch „The Seven Habits of Highl' Effective People" aus, dass wirkliche Fortschritte nur erreicht werdei können, wenn man Geschäftsinteressen und Mitarbeiterinteressen ii Einklang bringt, weil nur dann Entwicklung möglich ist.

Basierend auf diesen Erkenntnissen ist die wichtigste Management aufgabe in meinen Augen, Rahmenbedingungen zu schaffen, in denei Mitarbeiter mitarbeiten *wollen*. Was müssen wir nun tun, damit Mit arbeiter wollen? Das geht nicht, in dem wir das in klassischer Ma nier verordnen. Eine solche „Wollen"-Kultur muss sich entwickeli können.

2. Unternehmenskultur

Die Unternehmenskultur sollte die fundamentale Basis sein, von der aus jedes Unternehmen operiert. Es ist heute notwendiger als früher, dass jeder im Unternehmen versteht, was die Eckpfeiler sind und auf was man sich in diesen Zeiten, in denen sich alles permanent verändert, wirklich verlassen kann. Menschen brauchen einige Anker, auf die sie sich beziehen können. Hier spielt eine gelebte Unternehmenskultur eine entscheidende Rolle,

Welche Mitarbeiter benötigen wir? Welche Fähigkeiten sollten unsere Mitarbeiter haben und wie sollten sie sich verhalten? Was unterscheidet eine sehr leistungsfähige Organisation vom Mittelmaß?

Der Traum eines jeden Managers ist, Mitarbeiter zu haben, die über die in Abbildung 6 aufgeführten Merkmale verfügen:

Gewünschtes Verhalten der Mitarbeiter

- hoch motiviert
- leistungs- und ergebnisorientiert
- kompetent
- kreativ, innovativ
- unternehmerisch
- nimmt Herausforderungen an und geht Risiken ein
- ist am Erfolg des Unternehmens interessiert
- denkt ans Ganze
- teamorientiert
- offen für Veränderungen, initiiert Veränderungen
- interaktiv, kommunikativ
- kunden- und serviceorientiert
- loyal

Abbildung 6

Was müssen wir tun, um eine Umgebung zu schaffen, wo sich dies Fähigkeiten und dieses Verhalten entwickeln können? Welche Unter nehmenskultur benötigen wir, um das gewünschte Verhalten zu erhal ten und zu unterstützen? Welche Managementpraxis fördert ein sol ches Konzept und was zerstört ein solches Verhalten beziehungsweis lässt es sich erst gar nicht entwickeln? Diese Fähigkeiten und Verhal ten können nur entwickelt werden in Umgebungsbedingungen, in de nen die Menschen im Mittelpunkt stehen und die Mitarbeiter Beiträg erbringen *wollen*.

Ich hatte während meiner 40 aktiven Berufsjahre, davon 32 Jahre al Manager, das Glück, in Unternehmen zu arbeiten, in denen die Men schen immer einen hohen Stellenwert hatten und die Unternehmens kultur immer ein wesentlicher Faktor des Erfolgs war. Ich hab 20 Jahre für Hewlett-Packard gearbeitet, ein Unternehmen, das fü den berühmten „HP-Way" sehr bekannt ist und dessen Unterneh menskultur auch in vielen Büchern (unter anderem „In Search of Ex cellence" von Tom Peters und Robert H. Waterman) erwähnt wurde

Es war ein großes Geschenk der Unternehmensgründer, dass sie be reits in den 50er Jahren des letzten Jahrhunderts die Fundamente fü die HP-Unternehmenskultur gelegt haben. Die Prinzipien, die sie eta bliert haben, sind aus meiner Sicht auch heute noch absolut wegwei send und passen in die heutige Zeit. Warum hat dann auch HP-Proble me gehabt? Auch hier gab es Widerstände gegen Veränderungen, un manchmal war das Unternehmen bei der Implementierung neuer Stra tegien oder beim Erkennen und Adressieren neuer Marktenwicklun gen zu langsam. Warum gab es auch bei HP viele Manager, die glaub ten, dass der HP-Way überholungsbedürftig sei?

Ich bin überzeugt, dass die ursprünglichen Prinzipien und das eta blierte Wertesystem von Bill Hewlett und Dave Packard auch die An forderungen an ein modernes Managementsystem erfüllen. Da Problem war, dass diese Prinzipien bei HP über die Zeit nicht meh voll angewandt und gelebt wurden. Viele Manager hatten die Prinzi pien und Werte ausgewählt, die ihnen passten, die sie für wichtig hiel ten und die ihrem Managementstil am besten entsprachen.

Aber eine gute Unternehmenskultur muss von allen, insbesondere den Managern, konsistent gelebt werden. Es darf hier zu keinen Abweichungen kommen. Manager müssen die Werte persönlich verkörpern. Sie müssen an diese Werte glauben; es darf nicht bei Lippenbekenntnissen bleiben. Manager müssen das vorleben, was in einer Kultur als Werte definiert ist. Die Glaubwürdigkeit des Managements, das „walk the talk", ist hier entscheidend.

HP hat zum Teil nicht verstanden und war zu wenig konsequent, um dieses großartige Modell über die Zeit zu bewahren und in der Gänze am Leben zu erhalten. Dinge, die leicht zu bewahren waren, wurden erhalten, schwierige wurden nicht mehr von allen konsequent gelebt und haben über die Zeit an Wert verloren. So hat zwar jeder Manager „Vertrauen" als einen unverzichtbaren Wert bezeichnet, aber die Konsequenzen, die sich daraus automatisch ableiten, wurden nicht von allen umgesetzt. Als Beispiel sei hier nur erwähnt, dass Vertrauen nur in einem angstfreien Raum existieren kann (siehe auch Kapitel 2.2). Es wurde nicht ausreichend verstanden, dass diese Themen mindestens so wichtig sind wie die finanziellen Beiträge eines Managers.

Eine starke Unternehmenskultur kommt nicht von allein. Es bedarf ständiger Pflege und insbesondere konsequenter Umsetzung. Michael Hilti, der Verwaltungsratspräsident von Hilti, hat es einmal anlässlich eines Kongresses der Bertelsmann Stiftung so formuliert: „Wir haben uns bestimmte Spielregeln gegeben, und wer nicht nach diesen Spielregeln spielt, der spielt eben nicht mehr mit." Diese Konsequenz in der Umsetzung ist entscheidend für eine gute und erfolgreich gelebte Unternehmenskultur. Alle Mitarbeiter, aber insbesondere die Manager, müssen das Wertesystem aktiv unterstützen, pflegen und leben.

Hierauf ist bereits bei der Auswahl des Managements und bei Trainings- und Weiterentwicklungsmaßnahmen stark zu achten. Fehler bei der Auswahl sind nur schwer zu korrigieren.

Im Vergleich zu vielen anderen Unternehmen war und ist die HP-Unternehmenskultur immer noch sehr gut und stark. Dies zeigen auch die relativ hohen Motivationswerte, die bei HP anzutreffen sind. Dennoch ist es HP nicht gelungen, die großen Stärken, die sich aus den Prinzipien des HP-Way ergeben, so wie sie von den Gründern gedacht waren, auf Dauer zu erhalten.

Dass man als Manager für viele Dinge, die man als nicht gewünschtes Verhalten empfindet, selbst verantwortlich ist, ist schwer zu akzeptieren und auch mir anfangs extrem schwer gefallen. Hierzu ein Beispiel Ich glaube, ich habe immer recht gut delegiert. Ich habe nie negatives Feedback in Bezug auf mein Delegationsverhalten bekommen. Ich habe weitestgehend delegiert, habe mir aber wichtige Entscheidungen sehr oft vorbehalten. Dann passierte es oft, dass man mir Konzepte und Entwürfe vorlegte, die ich als nicht ausgegoren und teilweise auch als nicht vernünftig empfand. Dies bestärkte mich natürlich in meiner Meinung, dass es richtig war, dass ich nicht abschließend delegiert hatte. Ich bemerkte erst viel später, dass mein Verhalten der eigentliche Grund für die wenig ausgegorenen beziehungsweise schlechten Vorlagen war. Ich hatte einfach nicht verstanden, dass die Mitarbeiter durch mein Verhalten die volle Verantwortung für die Aufgabe nicht übernommen hatten. Sie hatten in dem Bewusstsein „der" schaut sich die Sache ja noch mal an, ihre Vorlagen nur halbherzig vorbereitet und sie fühlten sich nicht verantwortlich für den gemachten Vorschlag. Natürlich habe ich dies moniert und mein Unverständnis geäußert. Aber im Kern hat sich das alte Muster bestätigt. Als mir dies bewusst wurde – leider erst relativ spät in meiner Managementkarriere –, habe ich gelernt, wirklich loszulassen, und habe alle Aufgaben delegiert. Das Ergebnis war, dass die Aufgaben nun auch wirklich voll übernommen wurden. Es war in der Tat nicht notwendig weiterhin involviert zu sein. An diesen Aufgaben sind die Mitarbeiter gewachsen. Ich habe mich dann auch an das chinesische Sprichwort erinnert. „Gib einem Mann einen Fisch und er hat zu essen für den Tag, lehre ihn zu fischen und er hat zu essen für sein ganzes Leben."

Dieses „Loslassen" war übrigens für mich eines der schwierigsten Dinge, die ich zu lernen hatte. Ich habe aus dieser Situation folgende entscheidenden Punkte gelernt:

- Jedes Verhalten des Managements hat ein Verhalten auf der Mitarbeiterseite zur Folge, welches wir in aller Regel nicht richtig einschätzen und für das wir dann fälschlicherweise die Mitarbeiter verantwortlich machen.

- Loslassen schafft eigenen Freiraum und bringt Erfolg für sich selbst und die Organisation.

- Die Mitarbeiter sind an ihren Aufgaben wesentlich schneller gewachsen.

- Mitarbeiter, denen man etwas zutraut, rechtfertigen dieses Vertrauen in aller Regel.

- Mitarbeiter handeln in aller Regel sehr verantwortungsbewusst.

Um Missverständnissen hier vorzubeugen: Natürlich muss man hierbei jeweils den aktuellen Reifegrad der Mitarbeiter berücksichtigen und die Ziele beziehungsweise Aufgaben entsprechend definieren.

2.1 Menschenbild

Die Grundlage jeder Unternehmenskultur ist das Menschenbild, welches dieser Kultur zu Grunde liegt. Welches Menschenbild haben die Manager? Glauben sie, dass Leistung ohne Druck nicht möglich ist? Wird über Angst gemanagt? Oder ist Bestandteil der Kultur, dass *alle* Manager davon überzeugt sind, dass eine große Mehrheit aller Mitarbeiter (mehr als 85 Prozent) einen guten Job machen wollen und dass sie Leistung bringen wollen? Oder glauben die Manager – zumindest einige –, dass das Modell Befehl und Gehorsam die besten Ergebnisse bringt?

Ja, es ist richtig, zehn bis 15 Prozent der Mitarbeiter verdienen ein positives Menschenbild nicht. Sie bringen in der Tat nur Leistung, wenn man Druck ausübt. Aber ist die Konsequenz, dass wir deshalb alle Mitarbeiter in Kollektivhaftung nehmen? (Siehe hierzu auch Kapitel 2.4.) Ich bin fest überzeugt, dass eine effektive Unternehmenskultur in der Tat mit dem Menschenbild beginnt. Diese notwendige Diskussion wird in aller Regel nicht geführt, sondern sogar bewusst ausgeklammert. Man möchte nicht ernsthaft darüber reden.

An dieser Stelle möchte ich einige Personen zitieren, deren Meinung über den Menschen und das menschliche Verhalten mit Recht allgemein hoch eingeschätzt wird:

Johann Wolfgang von Goethe:

„Wenn wir die Menschen nur so nehmen, wie sie sind, so macher. wir sie schlechter; wenn wir sie behandeln, als wären sie, was sie sein sollten, so bringen wir sie dahin, wohin sie zu bringen sind. "

Bill Hewlett, Mitgründer von Hewlett-Packard:

„Ich glaube fest daran, dass Männer und Frauen einen guten und kreativen Job machen wollen, vorausgesetzt wir schaffen die ent sprechenden Rahmenbedingungen. "

Prof. Argyris, Harvard University:

„Es ist eine fundamentale Wahrheit der menschlichen Natur, je weniger Freiraum und Power die Menschen haben, je weniger füh len sie sich der Sache verpflichtet. "

Stephen Covey, Bestsellerautor:

„Man muss daran glauben, dass die Mitarbeiter unser wertvolls tes Gut und dass sie zu immensen Beiträgen fähig sind. Wenn da. menschliche Potenzial vollständig freigesetzt wird, dann führt die. zu einer enormen Energie und kreativen Kraft, die bei allen Men schen versteckt vorhanden ist. "

Ein positives Menschenbild ist das Fundament für eine starke und nachhaltige Unternehmenskultur. Manager, die mit dieser Grundein stellung Probleme haben, werden auf Dauer immer wieder mit de Kultur in Konflikt geraten und dem Unternehmen Schaden zufügen Die Mitarbeiter werden zu einem solchen Manager nie das Vertraue aufbauen können, welche für diese schwierigen Zeiten notwendig ist.

2.2 Wertesystem

Eine starke Kultur erfordert ein Minimum an Werten, welche auf den vorerwähnten positiven Menschenbild basieren. Dies sind aus meine Sicht: *Vertrauen, Respekt, Ehrlichkeit, Offenheit und Integrität.*

Sind das nicht auch die Werte, die wir in unserem privaten Leben er warten und schätzen? Sind wir nicht nur an Freundschaften interes siert, wo solche Werte gelebt werden? Schließen wir nicht die Men schen aus unserem privaten Umfeld aus, die diesen Werten nicht gerecht werden? Warum glauben wir eigentlich, dass geschäftliche Beziehungen so viel anders sind? Diese Werte müssen definiert sein und von allen Personen in der Organisation und insbesondere von den Managern gelebt werden. Es sind die Spielregeln, nach denen wir spielen.

Vertrauen

Die wichtigsten Werte sind Vertrauen und Respekt. Vertrauen und Respekt sind nicht voneinander zu trennen.

Vertraue ich Menschen? Respektiere ich Menschen, ihre Bedürfnisse, ihre Sorgen, ihre Unterschiede, ihre Talente, ihre Kultur? Habe ich Vertrauen in Menschen (habe ich ein positives Menschenbild)?

Vertrauen erfordert als Erstes eine angstfreie Umgebung. Leider ist immer noch „Management by Fear" eine oft genutzte Managementpraxis. Unter solchen Bedingungen kann sich Vertrauen nicht entwickeln, es wird nachhaltig zerstört. Dies gilt auch, wenn nur einige Manager in der Organisation sich dieser Technik bedienen. Vertrauen kann nicht angeordnet werden, so nach dem Motto „jetzt vertraut mir mal". Vertrauen kann nur über die Zeit aufgebaut werden und muss vorsichtig und mit Bedacht gehandhabt werden. Vertrauen kann in Sekunden zerstört werden, und es braucht relativ lange, um es zurück zu gewinnen. Vertrauen und Respekt stellen sich nur ein, wenn die Menschen die Erfahrung machen, dass diese Werte ernst genommen werden und gelebt werden. Sicherlich ist man in einer Organisation, in der eine gute Vertrauensbasis gegeben ist, eher bereit, auch einen Vertrauensvorschuss zu geben, als in einem Umfeld, das von Misstrauen geprägt ist.

Vertrauen und Respekt setzen weiterhin voraus, dass man offen und ehrlich miteinander umgeht. Vertrauen, Respekt und Wertschätzung sind wichtig für alle denkbaren Beziehungen im beruflichen, aber auch im privaten Umfeld. In der Vergangenheit wurde die wirkliche Bedeutung von Vertrauen bei einer positiven Geschäftsentwicklung sehr oft unterschätzt. Aber Erfolg als ein Ersatz für Vertrauen funktioniert nur in sehr erfolgreichen Zeiten. In schwierigen Zeiten, in Zeiten großer Veränderungen, ist Vertrauen der Wert schlechthin, um mit all den Problemen und Herausforderungen fertig zu werden.

Vertrauen

Vertrauen und Respekt untereinander sind die Basis
für jede gute Kooperation

Vertrauen ist die Basis für jede ehrliche und offene Kommunikation

Dies besteht für alle Beziehungen:

Mitarbeiter ◄──► Mitarbeiter

Kollege ◄──► Kollege

Mitarbeiter ◄──► Manager

Firma/Mitarbeiter ◄──► Kunde

Firma/Mitarbeiter ◄──► Partner

Firma/Mitarbeiter ◄──► Lieferant

für alle privaten Beziehungen

Vertrauen und Respekt ist die Voraussetzung für eine funktionierende
Unternehmenskultur

Abbildung 7

In diesem Kontext spielt auch Integrität eine große Rolle, und zwar in beiden Richtungen. Es wird mit Recht erwartet, dass der Mitarbeiter sich gegenüber dem Unternehmen ohne Einschränkungen integer verhält. Aber der Mitarbeiter erwartet mit gleichem Anspruch, dass das Unternehmen und die das Unternehmen repräsentierenden Manager sich den Mitarbeitern gegenüber integer verhalten.

Wird Integrität über alle Ebenen praktiziert? Wie verhalten wir uns gegenüber den Kunden und Partnern? (Siehe hierzu auch das Kapitel 5.2 und 5.8.) Werden die Regeln über alle Ebenen gleichmäßig angewandt? Wie wird mit Abweichungen, wie wird mit Missbrauch umgegangen?

34

Integrität ist besonders für Manager extrem wichtig. Sie ist ein Schlüsselfaktor für Glaubwürdigkeit und eine akzeptierte Führungsrolle. Wenn diese Werte nicht gelebt werden, dann bedarf es genauso klarer Konsequenzen, wie wenn die Personen beziehungsweise Organisationen die geforderten Leistungen nicht erbringen. Wie bereits früher erwähnt: Wer nicht nach den definierten Spielregeln spielt, wird vom „Spiel" ausgeschlossen. Fehlende Konsequenz auch nur bei einigen wenigen Managern hat fatale Auswirkungen auf die Glaubwürdigkeit des gesamten Managements und für die Unternehmenskultur insgesamt.

In der Realität müssen wir feststellen, dass in Zeiten, in denen der Wind etwas rauer weht, die Vertrauenskultur auf der Strecke bleibt. Die Manager vertrauen niemandem mehr, nur noch sich selbst. Sie etablieren starke Kontroll- und Genehmigungsmechanismen, was dann letztendlich zu einem sehr autoritären und direktiven Führungsstil führt. Es wird sogar ernsthaft die Meinung vertreten, dass Management situativ führen soll, das heißt, in schwierigen Zeiten autoritär und in guten Zeiten kann man sich dann den Luxus leisten, kooperativ zu führen. Aus meiner Sicht ist das Unsinn. Glaubwürdigkeit des Managements ist für eine effektive Führung unerlässlich. Mitarbeiter müssen wissen, wo sie mit ihrem Manager dran sind. Wenn dieser sich einmal so und einmal so verhält, dann werden Mitarbeiter automatisch das jeweils Negative unterstellen.

Viele Manager nehmen für sich Anspruch, nach anderen Spielregeln behandelt zu werden als die Mitarbeiter. Verstehen wir nicht, dass dieses Verhalten zwangsläufig zu Vertrauensverlust und Frustration auf der Mitarbeiterseite führen muss?

In Studien der „Identity Foundation" haben Manager 1999 und 2001 die in Abbildung 8 aufgeführten Treiber für ihr Verhalten ermittelt:

Tugenden, die das Handeln von Topmanagern bestimmen

(nach Eigeneinschätzung von Managern)
- 24 Prozent Disziplin, Pflichtgefühl, harte Arbeit, Verzicht
- 23 Prozent Ehrlichkeit, Offenheit, Wahrheitsliebe
- 21 Prozent Verlässlichkeit, Berechenbarkeit
- 10 Prozent Fairness, anständiger Umgang
- 7 Prozent Mut mit Veränderungen umzugehen
- 4 Prozent Vertrauen
- 4 Prozent Vorbild sein
- 2 Prozent Konfliktfähigkeit
- 2 Prozent an die zehn Gebote halten (christliche Werte)
- 9 Prozent haben Probleme mit dem Tugendbegriff

Quelle: Identity Foundation 1999

- 20 Prozent Glaubwürdigkeit
- 10 Prozent Werte vermitteln

Quelle: Identity Foundation 2001

Abbildung 8

Es ist interessant zu sehen, wie wenig Bedeutung das Thema Vertrauen in dieser Studie hat, obwohl es für einige der anderen wesentlich wichtiger gerankten Themen geradezu Voraussetzung ist. So sind Offenheit und Ehrlichkeit oder Glaubwürdigkeit ohne Vertrauen schlichtweg nicht möglich. Dieses Verdrängen des Themas Vertrauen deckt sich allerdings auch mit meinen eigenen Erfahrungen. Wenn man Manager mit der Frage konfrontiert, ob Vertrauen wichtig ist, dann sagen alle uneingeschränkt ja – man kann dazu ja auch schlecht nein sagen. Wenn man dann aber das Thema weiter vertieft, stellt man fest, dass sie die notwendigen Schlussfolgerungen, die zwangsläufig mit Vertrauen einhergehen, scheuen. Aber Vertrauen kann man nicht isoliert sehen, man kann es nicht trennen von den Konsequenzen, die sich damit verbinden. Ohne Vertrauen ist keine wirklich gute Zusammenarbeit möglich. Oder möchten wir als Privatperson gerne mit Leuten zu tun haben, denen wir nicht vertrauen? Gehen wir denen nicht, wenn möglich, aus dem Weg?

Ohne Vertrauen gibt es kein(e):

- **belastbare Beziehung zwischen den beteiligten Personen** (Mitarbeiter, Kunden, Partner)
  Wir haben dies alle bereits zigmal erfahren. Falls ein Kunde uns vertraut, bekommen wir eine zweite Chance. Falls er uns nicht vertraut, bestätigt das seine negative Meinung und wir werden keine zweite Chance bekommen.

- **gute Teamarbeit**
  Personen, die sich nicht vertrauen, arbeiten nicht gerne zusammen. Sie werden nach Möglichkeiten suchen, einer solchen Zusammenarbeit aus dem Weg zu gehen. Wenn solche Personen jetzt doch zusammenarbeiten, gibt es eine Menge redundante Arbeit. Man verlässt sich nicht aufeinander. Kommunikation wird auf ein Minimum reduziert. Jeder versucht sich abzusichern. Die Leistung ist entsprechend.

- **Selbstvertrauen**
  Selbstvertrauen ist eine Eigenschaft, die für hohe Leistungen außerordentlich wichtig ist. Wenn man Mitarbeiter haben will, die Herausforderungen annehmen und Risiken eingehen, braucht man Mitarbeiter, die über eine gehörige Portion Selbstvertrauen verfügen.
  Mitarbeiter, die kein Selbstvertrauen haben, werden immer weit unter ihren eigentlichen Möglichkeiten bleiben. Selbstvertrauen beschleunigt geschäftliches Wachstum. Fehlendes Selbstvertrauen beschleunigt den wirtschaftlichen Abstieg.

- **Motivation und Loyalität**
  Wenn dem Mitarbeiter kein Vertrauen durch den Manager oder durch die Firma entgegengebracht wird, dürfte es keine Überraschung sein, dass auch der Mitarbeiter kein Vertrauen in den Manager oder das Unternehmen hat. Unter solchen Rahmenbedingungen werden die Mitarbeiter nicht besonders motiviert sein und ihre Loyalität zu den handelnden Personen wird sehr einge-

schränkt sein. Sie werden mit allen Informationen sehr kritisch umgehen, und im Zweifelsfalle werden sie den Aussagen des Managements keinen Glauben schenken.

▦ Leistungsbereitschaft

Wenn Menschen anderen Menschen nicht vertrauen, so liegt die Ursache meist darin begründet, dass diese Personen kein positives Menschenbild haben. Sie sind davon überzeugt, dass der Mensch ohne Druck keine Leistung bringen will. Ich unterscheide in diesem Zusammenhang drei Arten von Druck.

- Druck, den man sich selbst auf Grund eigener Erkenntnis macht, setzt positive Energie frei.
- Druck, der von außen kommt, zum Beispiel durch den Wettbewerb, kann sehr motivierend wirken, wenn man den Freiraum hat, etwas dagegen zu tun.
- Druck, der innen erzeugt wird und sehr oft mit Angst einher geht, wird sehr negativ empfunden und führt zu einer Leistungsreduktion.

In diesem Szenario werden Mitarbeiter im besten Falle das tun, was man von ihnen verlangt, aber ohne jede Leidenschaft und Motivation. Diese Leistung wird auch nur kurzfristig erbracht. Der Mitarbeiter wird versuchen, dem Druck auszuweichen.

Eine Organisation, die Höchstleistungen bringen soll, kann nur in einer Umgebung aufgebaut werden, in der starkes Vertrauen zwischen allen Beteiligten herrscht.

▦ Veränderungsmentalität

Eine der größten Herausforderungen für Manager ist, Mitarbeiter und Organisationen zu haben, die sich nicht gegen Veränderungen wehren. In Zeiten, in denen sich alles permanent verändert, ist es für jedes Unternehmen von entscheidender Bedeutung, dass die Mitarbeiter bereit sind, die Herausforderungen anzunehmen und sich permanent zu verändern. Wenn kein Vertrauen da ist, ist die normale Reaktion von jeder Person, gegen jede Art von Veränderung zu sein und sich erst einmal nicht zu bewegen (siehe auch Kapitel 5.3).

▩ Unterstützung für den Kollegen, den Manager

Wenn man Menschen nicht vertraut, dann dürfte es keine Überraschung sein, dass man diese Personen auch nicht unterstützt. Man wird nur bemüht sein, nichts zu tun, was negativ interpretiert werden könnte und was schadet.

▩ Offenheit

Wenn Menschen sich nicht vertrauen, werden sie nicht offen miteinander sein. Sie werden die Kommunikation auf das absolute Minimum reduzieren.

In der Vergangenheit gab es zur heutigen Managementpraxis einen erheblichen Unterschied. Es gab keine andere Möglichkeit, als Organisationen über und durch Menschen zu managen. Man musste den Managern vertrauen, zumindest zu einem gewissen Grade, weil dies die einzige Möglichkeit war, Informationen zu bekommen, aber auch Informationen und Entscheidungen weiterzugeben.

Heute glauben viele Manager, insbesondere in den Firmenzentralen, dass man alle Informationen durch die Informations- und Kommunikationstechnologien zur Verfügung hat und deshalb die Manager auf niedrigeren Managementstufen für diese Aufgaben nicht mehr braucht. Informationen, Strategien und Entscheidungen werden über mehrere Ebenen parallel kommuniziert (zum Beispiel über das Internet). Viele Manager auf mittleren Ebenen werden geradezu zu Statisten degradiert. Interessanterweise reagieren gerade die Manager, die diesen Führungsstil pflegen, besonders frustriert und verärgert, wenn ihre Vorgesetzten sie genau so behandeln.

Warum verhalten sich Manager so offensichtlich kontraproduktiv? Ich möchte hier einige Gründe aufführen. Diese sind jedoch sicherlich nicht ausreichend, um dieses Phänomen voll umfänglich zu beschreiben. Hierzu gehört auch die massive Diskrepanz zwischen dem eigenen Anspruch, wie man gerne behandelt werden möchte und wie man sich gegenüber den Mitarbeitern selbst verhält.

Folgende Gründe sehe ich heute:

- **Misstrauen**
  (man kann sich nur auf sich selbst verlassen)

- **Negatives Menschenbild**
  (Menschen bringen nur Leistung unter Druck)

- **Kurzfristiges Denken**
  (nur für kurze Zeit im Job, Denken in Quartalen)
  Vorgaben mit kurzfristigen Zielen führen zwangsläufig zu kurzfristig ausgerichtetem Verhalten und damit Aktionen und Maßnahmen, die nur an Ergebnissen interessiert sind, die auch kurzfristig erreichbar sind. In vielen Fällen ist dies für die Erreichung langfristiger Ziele kontraproduktiv.

Ich möchte hiermit nicht in Frage stellen, dass es notwendig ist, auch kurzfristige Ziele (wie zum Beispiel Quartalsergebnisse) zu erreichen. Wichtig ist, dass notwendige kurzfristige Ziele und langfristige Ziele in einer vernünftigen Balance gehalten werden.

Ein weiterer Grund für das Verhalten des Managements ist darin zu suchen, dass viele Manager nicht ausreichend lange in ihrem Job sind, sodass sie die Folgen ihrer Entscheidungen sehr oft gar nicht mehr erleben. Da viele Maßnahmen erst nach zwei bis drei Jahren greifen und erst dann eine faire Beurteilung möglich ist, ob sie nachhaltige Wirkung hatten, sollte für jeden Job eine minimale Verweildauer vorab definiert werden. Zu frühes Wechseln ist oft zum Schaden des Unternehmens, aber auch zum Schaden des Managers, da er keine wirkliche Erfahrung aus diesem Job ziehen kann.

Aus den vorgenannten Gründen haben viele Manager überhaupt nicht mehr das Ziel, Vertrauen aufzubauen. Wie bereits ausgeführt, kann kurzfristige Leistung auch in einem Druckszenario erzielt werden. Dies hat aber für die langfristige Leistungsfähigkeit der Organisation fatale Folgen.

Neben dem Zwang, kurzfristig Ergebnisse zu liefern, ist Angst eine der wichtigsten Gründe, warum das Management sich in Bezug auf eine hohe Motivation der Belegschaft so kontraproduktiv verhält. Angst aus vielfältigen Gründen:

- *Angst, loszulassen*
- *Angst, Kontrolle zu verlieren*
- *Angst, nicht mehr gebraucht zu werden*
- *Angst, angreifbar zu werden*

Diese Ängste zu überwinden beziehungsweise hinten anzustellen, ist eine nicht leichte Aufgabe und erfordert ein großes Selbstvertrauen und eigene Stärke. Umso mehr, als dies ja immer mit kurzfristigen Zielvorgaben verbunden ist.

Falls Vertrauen als wesentliches Element des Managementstils vom Topmanagement nicht unterstützt wird und das Erreichen von Langfristzielen und eine hohe Motivation der Belegschaft nicht entscheidend für die Beurteilung sind, tendieren viele Manager dazu, sich kurzfristig zu orientieren und über Druck und Angst zu führen.

Hoher Machtanspruch

Ich habe während meiner langjährigen Erfahrung immer wieder Manager erlebt, die einen hohen Machtanspruch haben und diesen auch ausleben wollen. Fachlich sind diese Manager durchaus nicht schlecht, aber sie können auf Grund ihrer Persönlichkeitsstruktur nicht loslassen. Sie sind in hohem Maße von sich selbst überzeugt und versuchen in allen Situationen zu dominieren. Nur ihre Meinung zählt und die Mitarbeiter haben sich dem unterzuordnen. Sie sind keine guten Teamplayer.

Das Verhalten dieser Manager ist nach meiner Erfahrung kaum zu verändern. Chefs müssen bewusst entscheiden, welche Auswirkungen ein solches Verhalten mittel- und langfristig auf die Organisation hat und ob es toleriert werden kann. Schwächen müssen dann gegebenenfalls durch andere Personen kompensiert werden.

Bereits einige wenige Manager – die durchaus kurzfristig gute Leistung bringen können – können jedoch eine sehr negative langfristige Wirkung auf die Moral und die Motivation der Mitarbeiter haben. Wenn dies nicht tolerabel ist, sollte man sich von solchen Managern trennen. Verändern werden diese sich in aller Regel nicht. Dies ist übrigens ein Punkt, an dem sich zeigt, wie wichtig das Management die Unternehmenskultur nimmt und ob „walk the talk" gelebt wird.

Eitelkeit der Manager

Sehr eitle Manager (weit über das normale Maß hinaus) beanspruchen immer, Recht zu haben, um ihr eigenes Ego zu befriedigen. Sie mögen für Aufschwungphasen geeignet sein, aber sie sind für schwierige Phasen eine große Belastung, insbesondere dann, wenn Kurskorrekturen notwendig sind. Sie tun sich unendlich schwer, selbst initiierte Strategien zu korrigieren oder Fehler einzuräumen. Aber genau diese Fähigkeit ist in Zeiten permanenter Veränderung von entscheidender Bedeutung.

Mess- und Incentive-Systeme

Ein Sprichwort sagt: „Du bekommst, was du misst". Dass Mitarbeiter sich so verhalten, wie sie gemessen werden, ist allgemein bekannt. Auf die Vereinbarung der Ziele und auf darauf abgestimmte „Measures" (Maßzahlen) wird zu wenig Wert gelegt. Sie passen sehr oft nicht zusammen (siehe hierzu auch Kapitel 3.7).

Die Einhaltung des Wertesystems wird in den meisten Unternehmen nicht gemessen. Finanzzahlen sind natürlicher Bestandteil der Measures. Dies bedeutet, dass Finanzzahlen ernst genommen werden, die Einhaltung des Wertesystems jedoch nicht im gleichen Maße.

Es ist notwendig, dass das gewünschte Verhalten des Managements („die Spielregeln") Bestandteil der Measures sind. Es ist wichtig, dass die Ziele, die Maßzahlen und etwaige Incentives in sich schlüssig sind.

2.3 Führung/Rolle des Managements

Beim Aufbau und bei der Weiterentwicklung einer Unternehmenskultur spielt das Management *die* entscheidende Rolle. Die Werte werden nur dann innerhalb der Organisation gelebt, wenn das Management mit gutem Beispiel vorangeht, und zwar auf jeder Ebene. Viele Untersuchungen haben ergeben, dass hierbei die unmittelbare Führungskraft mit Abstand die größte Bedeutung hat.

Bei einer Führung, die eine hohe Motivation der Mitarbeiter zum Ziel hat, sind ein positives Menschenbild, das jemand hat oder nicht hat, sowie eine Vertrauenskultur die entscheidenden Voraussetzungen. Falls das Vertrauen gelitten hat oder eine Vertrauenskultur etabliert beziehungsweise wiederbelebt werden soll, stellt sich oft die Frage: Wer muss jetzt beginnen? Wenn ein Manager ernsthaft daran interessiert ist, kann und muss er den ersten Schritt tun, auch dann, wenn ihm anfangs kein Vertrauen entgegengebracht wird. Die in Abbildung 9 genannten Punkte zum Aufbau einer Vertrauenskultur sind Anhaltspunkte. Sie müssen gegebenenfalls ergänzt werden, um der jeweiligen Situation und dem jeweiligen Reifegrad des Managements gerecht zu werden.

Wie erzeuge ich Vertrauen?

* Vertrauen schenken, Vertrauen in Menschen haben
* Offenheit, Ehrlichkeit, völlige Transparenz
* Zusagen einhalten
* Entscheidungen treffen beziehungsweise sicherstellen, dass sie getroffen werden
* ohne Druck, der Angst zur Folge hat, managen
* den Menschen sehen und nicht nur die Arbeitskraft
* Fehler zugeben
* „zuhören", den Mitarbeiter ernst nehmen
* „walk the talk", gutes Beispiel geben

Abbildung 9

Wie bereits ausgeführt, werde ich als Manager nur glaubwürdig sein, wenn meine Mitarbeiter erfahren, dass ich es ernst meine. Hierzu gehört, dass ich nicht nur vertraue, sondern dass die Menschen spüren, dass ich Vertrauen in Menschen habe (positives Menschenbild) und dass ich ihnen eine große Wertschätzung entgegenbringe. In Abbildung 10 ist beispielhaft für verschiedene Kategorien aufgezeigt, was Vertrauen fördert und – auf der anderen Seite – was Vertrauen schwächt.

Vertrauen wächst	Kategorie	Vertrauen wird geschwächt
ich gehöre dazu	Zugehörigkeit	ich fühle mich ausgegrenzt
sind klar und offen kommuniziert	Sinn, Zweck und Richtung	sind diffus, Informationen sind Herrschaftswissen
ist erwünscht	Einflussnahme	nicht erwünscht, Hierarchie bestimmt
sind geklärt, sinnvoll und transparent	Eigene Ziele	sind unklar, diffus, fragwürdig
ist ausreichend vorhanden	Freiraum im Alltag	ist stark eingeschränkt
werden ausgetragen und geklärt	Konflikte	werden vermieden und vertagt
jeder unterstützt jeden	Gegenseitige Unterstützung	jeder ist sich selbst der Nächste

Quelle: Peter Oswald

Abbildung 10

Ich muss offen und ehrlich kommunizieren und das, was ich tue, transparent machen. Ich muss meine Zusagen einhalten, und wenn ich davon abweiche, muss ich die Gründe dafür offen und proaktiv kommunizieren. Hierbei ist es wichtig, dass ich auch ehrlich zu mir selbst bin. Dies mag manchmal schmerzhaft sein.

- Folge ich meinem Gewissen?
- Habe ich Maßstäbe, an denen ich mich ausrichte?
- Verstehen die Mitarbeiter das?
- Tue ich selbst, was ich gesagt habe, dass ich es tun würde, auch im privaten Umfeld?
- Tue ich selbst, was ich von anderen erwarte?
- Halte ich meine Zusagen immer ein? Wie verhalte ich mich, wenn ich die Zusagen nicht einhalten kann?
- Akzeptiere ich Kritik? Wie gehe ich damit um?
- Übernehme ich Verantwortung? Stehe ich für die Konsequenzen persönlich gerade?
- Gebe ich persönliche Fehler zu ?
- Wie gehe ich mit Erfolg um? Ist es der Erfolg des Teams oder mein Erfolg?
- Wie gehe ich mit Misserfolg um? Übernehme ich dafür die Verantwortung gegenüber meinem Manager beziehungsweise nach außen oder mache ich das Team beziehungsweise einzelne Personen dafür verantwortlich?
- Bin ich wirklich ein gutes Beispiel?

Als Manager zeige ich die Hintergründe für die zu treffenden Entscheidungen auf, muss diese dann aber auch treffen und sicherstellen, dass sie dann auch umgesetzt werden. Mitarbeiter erwarten das. Wichtig ist, einen angstfreien Raum zu schaffen, was nicht heißt, keine hohen Ziele zu fordern und zu vereinbaren.

Vertrauen ist ein sehr empfindliches Gut. Wenn Vertrauen in der Vergangenheit sehr oft enttäuscht wurde, dann ist es unrealistisch zu erwarten, ein neuer Manager könne diesen Vertrauensverlust in kürzester Zeit wieder herstellen. Es ist nur natürlich, dass diese Mitarbeiter nicht sehr motiviert sind und sich abwartend verhalten. Mitarbeiter, die etwas länger dabei sind, haben viele Manager kommen und gehen sehen. Sie sind kritisch und sie werden zunächst abwarten, wie sich der „Neue" verhält. Es wird eine Zeit dauern, und er wird ausschließlich an seinem konkreten Verhalten und seinen Taten gemessen. Während dieser Zeit muss ein Manager auch aushalten, dass man ihm noch mit Misstrauen begegnet. Viele Manager halten dies nicht aus und reagieren dann entsprechend. Sie werden dann ihrerseits autoritär und direktiv und machen damit den ganzen Prozess hinfällig. Offenheit und Ehrlichkeit hilft hier enorm. Hierzu gehört auch, offen darüber zu sprechen, wenn man selbst enttäuscht wurde.

In dem Buch „The Leadership Challenge" von James M. Kouzes und Barry Z. Posner werden die Ergebnisse einer Studie über die wichtigsten Führungseigenschaften präsentiert. Diese sind:

Ehrlichkeit, Zukunftsorientierung, anregend/herausfordernd, Kompetenz und als wichtigstes Glaubwürdigkeit.

Sie definieren einen guten Manager (Leader) als jemanden, der Mitarbeiter hat, die arbeiten wollen und nicht nur da sind, weil sie arbeiten müssen.

Zusammenfassend kann man sagen:

Ein guter Manager (Leader) ist jemand, dem die Mitarbeiter folgen wollen.

John Kotter, eine der bekanntesten Kapazitäten in Managementtheorie und -praxis, sagt es in dem Buch „Rethinking the Future" von Rowan Gibson wie folgt: „Im zwanzigsten Jahrhundert war Unternehmenskultur ein Anker, eine Hilfe, um Veränderungen besser zu managen. Im einundzwanzigsten Jahrhundert muss die Unternehmenskultur ermöglichen, die sich verändernde Umgebung zu managen."

Manager, die nicht fähig sind, eine Vertrauenskultur zu schaffen, werden auf Dauer nicht erfolgreich sein. Darüber hinaus ist eine Unternehmenskultur, die auf einem positiven Menschenbild und starken Werten und hier insbesondere auf Vertrauen aufbaut, ein Muss, um mit den permanenten Veränderungen fertig zu werden und, noch besser, um diese aktiv zu gestalten. Gelebtes Vertrauen reduziert die Komplexität im Alltag. Misstrauen bewirkt genau das Gegenteil. Die einfachsten Dinge werden plötzlich schwierig und komplex. Die entscheidende Frage wird sein, wie werden diese Werte und Prinzipien gelebt. Wie viel davon sind nur Lippenbekenntnisse? Es reicht nicht aus, die Unternehmenskultur in Hochglanzbroschüren zu beschreiben. Sehr oft bleibt davon in der Realität nicht viel übrig. Dies ist schlimmer, als gar nichts zu sagen, da die Mitarbeiter sich betrogen fühlen und dies zu einem weiteren Vertrauensverlust führt.

Eine gelebte Unternehmenskultur ist ein stabilisierender Faktor. Sie hilft Krisen zu meistern und stärkt die Wettbewerbsposition. Sie unterstützt den wichtigen Prozess, alle Mitarbeiter mit den Zielen und Strategien des Unternehmens vertraut zu machen und sich danach auszurichten. Eine starke Unternehmenskultur wird auch von außen gesehen, besonders von den Kunden und den Partnern, aber auch von der Öffentlichkeit. Sie ist ein wichtiger Bestandteil des Images, des „Brand" am Markt.

Eine starke Kultur, wie der HP-Way von Hewlett-Packard, war immer ein wichtiges Verkaufsargument für HP. Kunden und Partner haben einfach gerne mit HP Mitarbeitern zusammengearbeitet. Dies wurde in vielen Umfragen immer wieder bestätigt. In Partnerumfragen wurde dies besonders deutlich. So hat HP dort eine viermal bessere Bewertung bekommen als der nächste Wettbewerber. In der Umfrage einer Zeitschrift wurde HP auf die Frage: „Welchem Lieferanten vertraue ich am meisten?" mit weitem Abstand auf die Nummer-eins-Position gesetzt.

Es ist unabwendbar: Wenn wir die enormen Potenziale unserer Belegschaften nutzen wollen, muss ein Paradigmenwechsel in unserer Führungskultur erfolgen. Das Management muss sich dieser Herausforderung stellen und Unternehmenskultur und ein gelebtes Wertesystem in der Prioritätenliste ganz nach oben nehmen. Dies wird nicht einfach sein. Viele Manager werden dieser Aufgabe nicht gewachsen sein. Aber bei entsprechender Umsetzung werden die dann hochmotivierten Mitarbeiter und Manager diesen Wandel durch hohe Leistung und Kreativität rechtfertigen.

Warren Bennis sieht die Aufgaben des Managements so: „Die wesentliche Herausforderung für Manager (Leader) im einundzwanzigsten Jahrhundert wird es sein, die geistigen Fähigkeiten ihrer Organisationen zur Entfaltung zu bringen." Aber wie erreicht man, dass die Mitarbeiter zum Erfolg der Organisation, für die sie arbeiten, beitragen wollen?

Es wird nur möglich sein, die wirkliche Kraft und Energie der Mitarbeiter freizusetzen, wenn Mitarbeiter nicht nur das tun, was sie tun müssen, sondern wenn sie mit ganzem Herzen dabei sind, wenn sie *beitragen* und ihre Organisation *erfolgreich machen wollen*. Diese Kultur des „Wollens" müssen die Manager in den Unternehmen schaffen.

Wie Charles Handy ausführt: „Seit Jahren reden Unternehmensführer davon, dass die Mitarbeiter ihr wichtigstes Gut (Asset) sind. Es ist jetzt Zeit, aufzuwachen und zu erkennen, dass dies auch wirklich der Fall ist, weil unsere einzige Hoffnung für eine sichere Zukunft in den geistigen Fähigkeiten unserer Mitarbeiter liegt."

Ist es nicht geradezu ein Widerspruch, dass das „Asset" Mitarbeiter immer noch nicht in unseren Bilanzen erscheint? Wir nennen es „Asset", aber wenn wir versuchen, den Wert in finanziellen Kategorien darzustellen, dann berücksichtigen wir es nicht. Was würde passieren, wenn wir das Asset Mitarbeiter in die Bilanz aufnehmen würden? Würde uns dies nicht dazu zwingen, ganz anders mit dem Asset Mitarbeiter umzugehen? Könnte es sein, dass die meisten Manager eine solche Darstellung eigentlich gar nicht wollen? In einigen neuen Branchen gibt es Versuche, den Wert von Wissen zu ermitteln und darzustellen. Aber auch hier wird versucht, den Wert des Wissens von den Mitarbeitern, die über dieses Wissen verfügen, zu trennen. Geht dies überhaupt? (Siehe hierzu auch Kapitel Wissensmanagement 5.6.)

Die einzige Ausnahme, die mir bekannt ist, wird heute in einigen Bereichen der Finanzdienstleister gemacht, wo der Wert einiger Mitarbeiter sehr hoch eingeschätzt wird. Wenn in diesen Institutionen bestimmte Mitarbeiter das Unternehmen verlassen beziehungsweise bei einem Unternehmen ihren Dienst aufnehmen, hat dies unmittelbare Auswirkungen auf den Aktienwert. Aber ist es richtig, dass dies nur für einige wenige Mitarbeiter gilt? Sollten wir diese Betrachtung nicht für alle Mitarbeiter anwenden? Ist es nicht so, dass jeder in einer Organisation über spezifisches Wissen, Skills, Talente und Erfahrungen verfügt, die einen Wert für die Organisation haben und die benötigt werden, um erfolgreich zu sein? Ist es nicht geradezu ein Widerspruch, dass ein Abbau der Belegschaft nur unter Kostengesichtspunkten gesehen wird und sogar von der Börse in aller Regel positiv aufgenommen wird, dass aber der Verlust an Wissen und Erfahrung, der mit jedem Abbau zwangsläufig verbunden ist, überhaupt nicht berücksichtigt wird?

2.4 Wollen-Kultur

Der Aufbau einer *Wollen*-Kultur hängt entscheidend vom jeweiligen Management ab. Natürlich wäre es am effektivsten, wenn eine solche Kultur von der Spitze des Unternehmens ausgehen würde. Aber dies ist keine Voraussetzung. Es kann auf jeder Managementebene beginnen, vorausgesetzt, das Management hat beziehungsweise erhält die entsprechenden Freiräume, um eine solche Initiative zu starten.

Die wesentlichen Elemente einer Wollenkultur beschreibt Stephen Covey in seinem Buch „The seven habits of highly effective people" wie folgt: „Verhalten ist die Verknüpfung von Wissen, Skill und Verlangen (Wollen). Wissen ist das theoretische Paradigma, das *Was* und *Wozu* etwas zu tun, Skill ist das *Wie* und das Verlangen ist die *Motivation*, das *Wollen*, etwas zu tun. Um etwas in unserem Leben zu Verhalten werden zu lassen, müssen wir alle drei Komponenten effektiv zusammenfügen." Ich möchte noch hinzufügen, dass das jeweilige Talent der Mitarbeiter zu berücksichtigen ist. Dies ist besonders wichtig, da es einen starken Einfluss auf das Wollen hat. Mitarbeiter, die etwas tun wollen, müssen verstehen, wofür und warum Dinge getan werden sollen. Sie müssen verstehen, was der Sinn und Zweck des Geschäfts ist. Ein *Wollen*-Verhalten ist entscheidend für den Erfolg eines jeden Mitarbeiters und Managers, aber auch für die jeweilige Organisation. Was aber ist die Realität? In vielen, um nicht zu sagen in den meisten

Organisationen ist *Müssen* angesagt. Wir müssen dies oder jenes tun. Die meisten Menschen sagen, dass sie arbeiten müssen, dass sie lernen müssen. Warum in aller Welt *müssen* wir? Warum sagen wir nicht, ich will?

Verstehen wir nicht, was wir uns damit selbst antun, wenn wir immer sagen, ich muss oder du musst? Wie viel Energie zerstören wir, nur indem wir sagen „müssen". Warum versuchen wir nicht Rahmenbedingungen zu schaffen, damit Mitarbeiter *wollen?* Ich bin überzeugt, dass der Unterschied an Energie zwischen *müssen* und *wollen* mindestens ein Faktor zwei ist.

Glücklicherweise vergessen wir nach einer Weile, dass wir etwas tun mussten, und wir beginnen, das zu mögen, was wir tun. Aber warum bauen wir zunächst so viel inneren Widerstand auf und zerstören so viel wertvolle Energie? Sehen wir nicht das Gleiche bei unseren Kindern? Solange wir versuchen, den Kindern unseren Willen aufzuzwingen, erreichen wir nichts als Widerstand. Haben Sie schon einmal versucht, einem vier- bis sechsjährigen Kind zu sagen, dass es etwas tun muss? Wir kennen alle die Antwort. Warum glauben wir, dass Erwachsene sich anders verhalten? Erwachsene zeigen vielleicht nicht, wie sie in dem Moment fühlen und was sie denken. Sie verhalten sich angepasst. Aber im Innern haben sie den gleichen „Igel". Niemand möchte etwas tun müssen. Es ist Aufgabe des Managements, Rahmenbedingungen zu schaffen, in denen Mitarbeiter *wollen,* leisten wollen, erfolgreich sein wollen usw.

Natürlich ist Wollen nicht genug, Mitarbeiter müssen auch über das Wissen und die Skills verfügen, sie müssen neben dem *Wollen* auch in der Lage sein zu *können.*

Wie die Abbildung 11 zeigt, ergibt sich konkretes Handeln aus dem Wissen über die jeweilige Situation und der Fähigkeit, dies auch tun zu können. Das Handeln wird jedoch nur dann erfolgen, wenn die handelnde Person dies auch tun will. Diesem Wollen liegen organisatorische Rahmenbedingungen und die jeweilige Persönlichkeit zu Grunde. Dies möchte ich am Beispiel der Mitarbeiterauswahl etwas näher beleuchten.

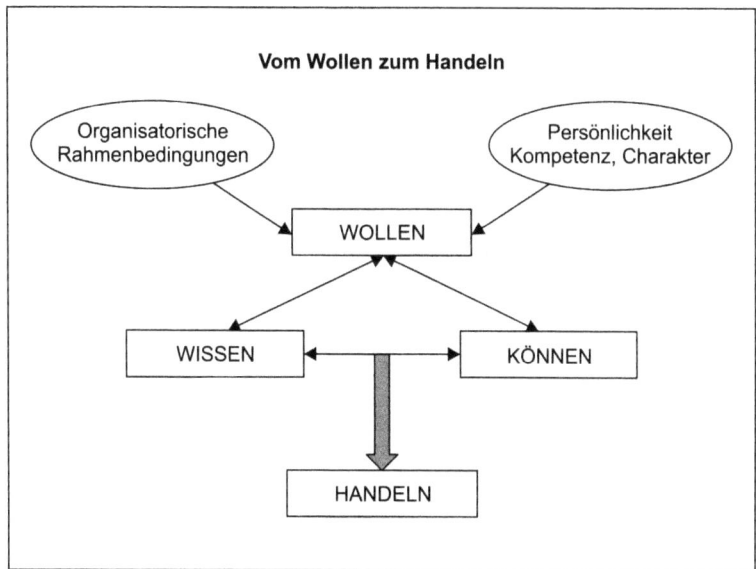

Abbildung 11

Auch bei der Mitarbeiterauswahl und bei der Mitarbeiterentwicklung wird deutlich, wie wichtig die Frage des Wollens und wie notwendig konsequentes Handeln ist. Mitarbeiter, die keinen Beitrag leisten wollen, obwohl sie es könnten, und dazu auch nicht mit Unterstützung und entsprechendem Coaching bereit sind, können nicht toleriert werden. Dies gilt natürlich auch für Mitarbeiter, die nicht können und nicht wollen.

Allerdings verdient jeder Mitarbeiter eine Chance, wenn er Beiträge bringen will und durch entsprechende Maßnahmen (zum Beispiel Training) dazu in die Lage versetzt wird. Wenn ein nicht akzeptables Verhalten beziehungsweise schlechte Leistung zu lange toleriert werden, ist dies nicht nur für das Unternehmen, sondern auch für den Mitarbeiter eine schlechte Lösung.

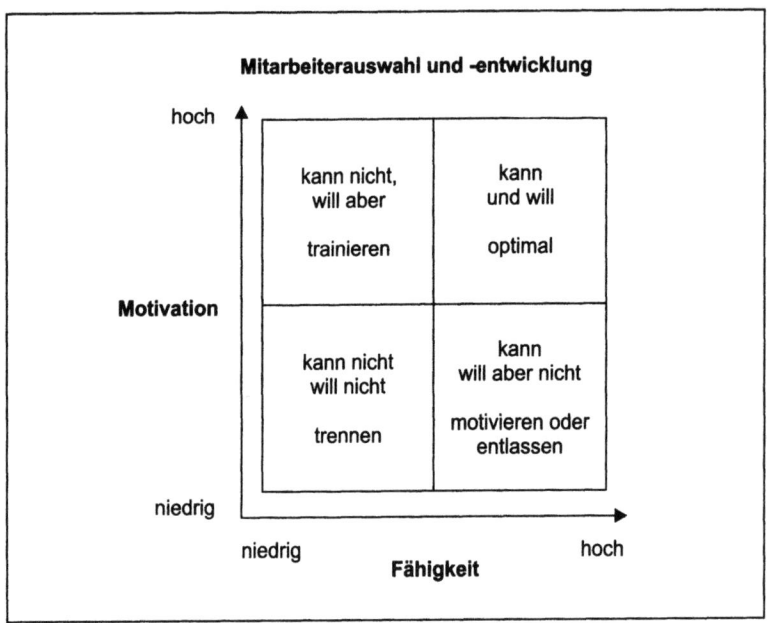

Abbildung 12

Ich habe es sehr oft erlebt, dass ein Mitarbeiter in einer Organisation in der Tat schlechte Leistungen gebracht hat und nach dem Wechsel in eine andere Organisation sehr gute Leistungen bringen konnte. Sehr oft liegt dies an einem gestörten Verhältnis zwischen Mitarbeiter und direktem Vorgesetzten. Dies bedeutet nicht, dass man die Ursache dafür weder der einen noch der anderen Seite zuordnen könnte. Aber wir sollten deshalb dem Mitarbeiter, bevor wir ihn wegen schlechter Leistung entlassen, eine neue Chance unter anderen Rahmenbedingungen geben.

Die Talente der einzelnen Mitarbeiter sind sehr verschieden und können auch nur in Grenzen verändert werden. Wir müssen stärker berücksichtigen, dass die meisten Jobs spezifische Talente erfordern, und es ist Aufgabe des Managements, darauf zu achten, dass die Mitarbeiter auch über diese Talente verfügen.

In dem Buch „First Break all the Rules" von Buckingham und Coffman ist die Bedeutung der Talente eines Mitarbeiters sehr gut dargestellt. Wir müssen in den Unternehmen wesentlich mehr Wert darauf

52

legen, dass neben den Anforderungen an die Skills auch verstanden wird, welche Talente dafür notwendig sind. Nur dann, wenn hier die Übereinstimmung ausreichend groß ist, können wir davon ausgehen, dass die Mitarbeiter in der Lage sind, Topleistungen zu erbringen.

Ich werde immer wieder mit der Aussage konfrontiert, dass es blauäugig sei, zu unterstellen, alle Mitarbeiter stünden ihrer Arbeit positiv und konstruktiv gegenüber. Nach meiner Erfahrung ist es in der Tat so, dass die übergroße Mehrheit (mehr als 85 Prozent) zum Erfolg des Unternehmens beitragen wollen, wenn die Rahmenbedingungen das erlauben und unterstützen. Professor Dr. Rolf Wunderer von der Universität St. Gallen stellt in seinem Buch „Demotivation → Remotivation" fest, dass die meisten Mitarbeiter und Manager bereits intrinsisch motiviert sind und dass es keinen Bedarf für zusätzliche Maßnahmen gibt, die Motivation zu steigern. Wichtig sei es, zu verhindern, Mitarbeiter zu demotivieren, und Rahmenbedingungen zu schaffen, um Remotivation zu ermöglichen.

In allen Organisationen gibt es ca. fünf bis 15 Prozent Mitarbeiter, die kein großes Interesse daran haben, Leistung zu erbringen. Diese Mitarbeiter haben sich irgendwie arrangiert und sie versuchen, ohne großen Aufwand mit der Situation fertig zu werden. Wie reagiert jetzt die große Mehrheit der Unternehmen und viele Manager auf diese Situation? Sie etablieren Strukturen und Kontrollmechanismen, um diese fünf bis 15 Prozent besser in den Griff zu bekommen. Diese Maßnahmen beschränken sich allerdings nicht auf diese relativ kleine Anzahl, sondern in aller Regel sind dann von diesen Maßnahmen alle Mitarbeiter, auch die motivierten, betroffen. Sie werden erheblich verärgert und über die Zeit werden sie sich genauso verhalten, wie ihnen unterstellt wird. Für dieses Verhalten werden dann in der Regel die Mitarbeiter verantwortlich gemacht. Richtigerweise müsste das Management die Verantwortung übernehmen, da es für dieses nicht gewünschte Verhalten der Mitarbeiter verantwortlich ist. Glücklicherweise gibt es ca. zehn bis 15 Prozent Mitarbeiter, die sich nicht demotivieren lassen. Sie motivieren sich selbst und lassen sich auch nicht von einer noch so schlechten Führung entmutigen. Wenn es zu schlimm wird, dann verlassen sie das Unternehmen.

Wie aber sollte man mit den bis zu 15 Prozent Mitarbeitern umgehen, die den Anforderungen nicht genügen? Das Wichtigste ist, Rahmenbedingungen zu haben, die für die mehr als 85 Prozent optimale Arbeitsbedingungen zu schaffen. Man könnte die bis zu 15 Prozent eigentlich sogar vernachlässigen. Die Grenze liegt da, wo diese 15 Prozent zum Ärgernis für die 85 Prozent werden. Wenn aber Maßnahmen als notwendig erachtet werden, so sollten diese ausschließlich die bis zu 15 Prozent betreffen, für die sie gedacht sind.

Die Vorgehensweise, alle Mitarbeiter unreflektiert mit den gleichen Maßnahmen zu überziehen, scheint mir eine der wesentlichen Gründe für den hohen Anteil an demotivierten Mitarbeitern zu sein.

Ein kleines Beispiel mag dies verdeutlichen. Bei HP gibt es keine Zeiterfassung, aber gleitende Arbeitszeit. Die Arbeitszeiten werden von den Kollegen selbst angegeben, um zum Beispiel Urlaubszeiten beziehungsweise Überstunden erfassen zu können. Gelegentlich ermittelt auch die Sekretärin beziehungsweise Assistentin die Arbeitszeiten für die Gruppe.

In einem Team, in dem die Arbeitszeit auf diese Weise erfasst wird, das heißt, wo es kein Zeiterfassungssystem gibt, wird die Zeitkontrolle indirekt vom Team ausgeübt. Es findet eine soziale Kontrolle über das Team statt. Sollte nun jemand versuchen, bei der Arbeitszeit zu schummeln, so wird ein gutes Team dies nicht tolerieren. Diese Art der Kontrolle ist sogar wesentlich stärker als die eines Managers Bei einem solchen Team ist Zeit nie das Thema. Die Arbeit steht im Vordergrund. Nach meiner Einschätzung würde HP heute eine bis zwei Stunden pro Tag an Arbeitszeit verlieren, wenn man die Arbeitszeit zum Beispiel durch ein Zeiterfassungssystem kontrollieren würde.

Was passiert nun, wenn das Management versucht, die Arbeitszeit konkret und detailliert zu erfassen, um zu kontrollieren, dass auch ja keiner zu wenig Zeit erbringt? Dies führt unmittelbar zu einer Veränderung im Team. Die Verantwortung für die Kontrolle verlagert sich vom Team auf das System. Das Team fühlt sich nicht länger verantwortlich, soziale Kontrolle findet nicht mehr statt. Es passiert aber noch mehr. Selbst Mitarbeiter in diesem Team, die nie auch nur einen

Gedanken daran verschwendet haben, ob sie nicht zu viel Zeit für die Firma einsetzen, werden nach einiger Zeit nach diesen neuen Spielregeln spielen. Sie werden weniger arbeiten. Das Zeiterfassungssystem gibt den Takt vor und die Mitarbeiter werden, wie überall auf der Welt, darauf warten, wann sie ihre Zeit eingeben können. Eine totale Verkehrung der ursprünglichen Situation.

Ein solches Verhalten ließe sich auf viele andere Situationen übertragen. Was aber das Schlimmste ist und was sehr oft einfach übersehen wird, ist, dass durch die Einführung eines solchen Systems eine eindeutige Botschaft an alle geht: „Das Management vertraut euch nicht". Hierdurch wird extrem viel Goodwill zerstört.

Stellen wir uns nun vor, wir könnten Rahmenbedingungen schaffen, in denen die Mitarbeiter in ihrer großen Mehrheit:

- erfolgreich sein wollen,

- gewinnen wollen,

- die Besten sein wollen,

- Beiträge erbringen wollen und etwas leisten wollen, den Kunden hervorragende Dienste leisten wollen,

- lernen wollen,

- nicht nur offen für Veränderungen sind, sondern ihrerseits Veränderungen initiieren und treiben wollen,

- kreativ und innovativ sein wollen

- und ...

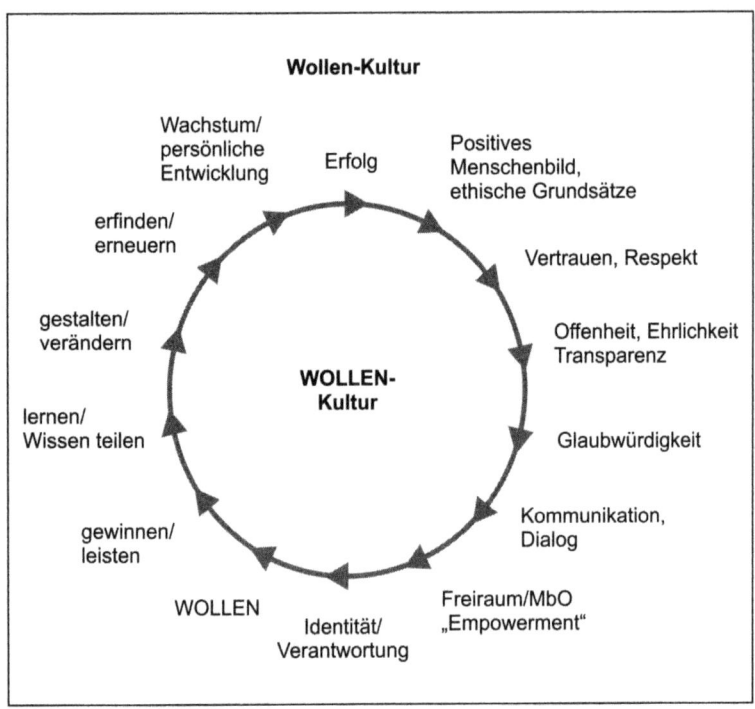

Abbildung 13

Wäre das nicht großartig? Wäre das nicht eine Situation, die wir alle wünschen? Würde dies nicht die Lösung für viele der Management-Herausforderungen sein? Das Schaffen dieser Rahmenbedingungen für eine Wollen-Kultur ist *die kritische Führungsaufgabe.*

Es würde enorme Energiepotenziale freisetzen und das volle Engagement und die Motivation unserer Mitarbeiter mobilisieren. Ich bin überzeugt, dass das Schaffen einer Wollenkultur zur Bewältigung der heutigen Herausforderungen einen sehr großen Beitrag leisten kann und wird. Ist es ein Traum? Ich glaube nicht.

3. Rahmenbedingungen für das Management

Dieses Kapitel beschreibt den Rahmen, in dem sich das Management bewegt, und die wesentlichen Punkte, die zu einer Belegschaft mit hoher Leistungsbereitschaft und hoher Motivation führen.

Jack Welch beschreibt in dem Buch „Roads to Success" im Kapitel „Making Management Lead" die Unterschiede zwischen positivem und negativem Verhalten.

Typisches Managerverhalten

Negatives Verhalten	Positives Verhalten
❋ Werte nicht beachten	❋ Werte werden gelebt
❋ ein Bürokrat sein	❋ ein Unternehmer sein
❋ Ziele nicht einhalten	❋ hohe Ziele erreichen
❋ langsam beginnen	❋ entschieden beginnen
❋ Veränderungen widerwillig angehen	❋ Veränderungen zügig vorantreiben
❋ nur Worte, keine Taten	❋ tun, was man sagt
❋ fehlender Fokus	❋ starker Fokus
❋ keine Fakten berücksichtigen	❋ Fakten berücksichtigen
❋ andere beschuldigen	❋ Fehler ehrlich zugeben
❋ schlechtes Zeitmanagement	❋ sich selbst organisieren

Quelle: Jack Welch

Abbildung 14

Hier wird deutlich, dass das gewünschte Verhalten nur in einer Umgebung mit einer starken Kultur entwickelt und gelebt werden kann, die einen kooperativen Führungsstil erfordert. Aufgabe des Managements ist nach Jack Welch (World Business Forum in Frankfurt, Oktober 2004), Leidenschaft zu erzeugen, die Mitarbeiter zu führen, sie zu begeistern, ihnen Leistung zu ermöglichen und dass sie Spaß an der Arbeit haben. Er fasst die Aufgaben eines guten Managers in den vier „e" wie folgt zusammen:

- „lead with high *e*nergy"
- *e*nergize others, inspire people
- you must have the *e*dge, you must decide yes or no
- *e*xecute and deliver results

3.1 Rahmenbedingungen für eine Organisation

Abbildung 15 zeigt, welche Themen für eine erfolgreiche Organisation am wichtigsten sind und welche definiert werden sollen. Je weiter unten die Themen stehen, umso unwichtiger sind sie für den Erfolg.

Rahmenbedingungen für eine Organisation

- Zweck/Sinn
- Prinzipien/Werte (Unternehmenskultur)
- Vision, Perspektive, Ziele
- Operating Principles
- Organisationsstrukturen
- Prozessbeschreibungen
- Vorschriften
- Handlungsanweisungen

Abbildung 15

Dennoch spielen gerade Richtlinien und Vorschriften in vielen, um nicht zu sagen in den meisten, Unternehmen eine dominante Rolle. Punkte, die weiter oben stehen – wie Zweck des Unternehmens, Werte und Prinzipien, die Vision und die Ziele des Unternehmens –, sind zumeist ungenügend bekannt, und zwar nicht nur auf Mitarbeiterebene, sondern auch auf Managementebene. Gerald Wood, Geschäftsführer von Gallup in Deutschland, berichtete auf einem Kongress in München von einem Versuch, in dem man dreißig CEOs aus den Vereinigten Staaten die Mission Statements ihrer Unternehmen anonymisiert vorgelegt hatte. Unglaublich, aber wahr: Keiner der CEOs konnte das Mission Statement seines Unternehmens identifizieren. Ich möchte dies hier nicht verallgemeinern. Aber es zeigt sicherlich, wie wichtig es ist, diesem Thema wesentlich mehr Bedeutung beizumessen. (Siehe hierzu auch Kapitel 3.2.)

Wie ich bereits ausgeführt habe: Mitarbeiter wollen die richtigen Dinge tun. Und wenn dies der Fall ist, dann sollten Richtlinien und Vorschriften nur noch eine untergeordnete Bedeutung haben.

3.2   Managementaufgabe

Ein Geschäft erfolgreich zu managen, ist mehr als nur nach dem „Shareholder Value" zu schauen. Jack Welch sagte auf dem World Business Forum in Frankfurt: „Shareholder Value als Ziel für ein Unternehmen ist Unsinn. Shareholder Value kann immer nur ein Produkt der Anstrengungen der Mitarbeiter und zufriedener und loyaler Kunden sein." Es ist interessant, dies von dem Manager zu hören, dem es gelungen ist, das wertvollste Unternehmen der Welt zu entwickeln. Ich kann nur hoffen, dass sich diese Erkenntnis auch bei anderen Managern durchsetzt.

Wenn man auf Dauer erfolgreich sein will, gilt es, allen so genannten „Stakeholdern" gerecht zu werden. Es gilt eine Balance zwischen allen Beteiligten zu finden.

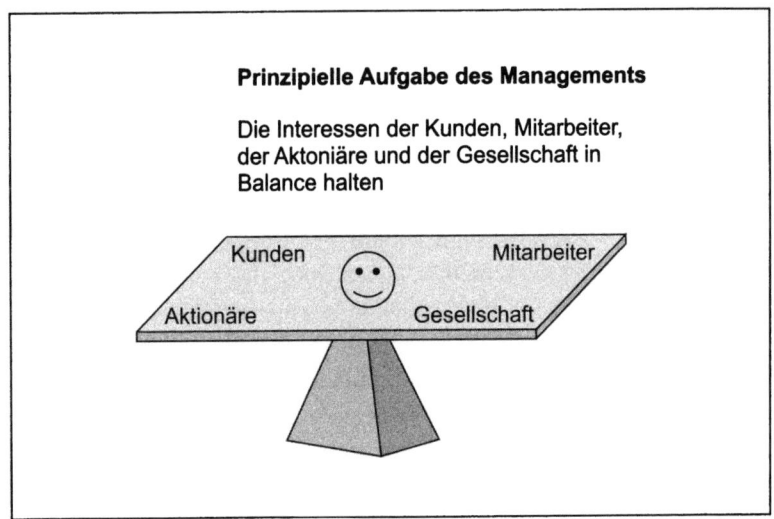

Abbildung 16

Es ist die erste Aufgabe des Managements sicherzustellen, dass alle vier „Stakeholder" – *der Kunde, der Mitarbeiter, der Aktionär und die Gesellschaft* – die gleiche Beachtung finden und dass eine faire Balance zwischen allen vier am Unternehmen interessierten Parteien gefunden wird.

Kunden wollen mindestens das geliefert bekommen, was ihnen versprochen wurde und wofür sie bezahlt haben, und sie wollen mit Würde und Respekt behandelt werden. Mitarbeiter wollen einen interessanten Job haben, der fair bezahlt wird, und sie wollen ebenfalls mit Würde und Respekt behandelt werden. Aktionäre erwarten eine angemessene Verzinsung des eingesetzten Kapitals, die zumindest gleich der ist, die in der vergleichbaren Branche üblich ist. Dies bedeutet in aller Regel, stärker zu wachsen als der Markt und eine höhere Rendite zu erwirtschaften als die wesentlichen Wettbewerber. Und darüber hinaus erwartet die Gesellschaft, dass das Unternehmen seinen fairen Anteil für die Gesellschaft erbringt, wie zum Beispiel attraktive Jobs, Steueraufkommen etc. (siehe hierzu auch das Buch „Die gesellschaftliche Verantwortung des Unternehmers" von Reinhard Mohn).

Es ist erfreulich zu sehen, dass ein Teil der Analysten, leider noch zu wenige, nicht nur den Shareholder Value betrachtet, sondern zunehmend auch die Interessen und die Bedeutung der anderen Stakeholder zumindest ansatzweise berücksichtigt. Langsam scheint sich die Erkenntnis durchzusetzen, dass diese Stakeholder einen großen Anteil, aus meiner Sicht den entscheidenden Anteil, an einer nachhaltigen finanziellen Performance des Unternehmens haben.

Abhängigkeiten der Stakeholder

Ohne **Mitarbeiter**zufriedenheit und Begeisterung
➔   keine Kundenbegeisterung und Kundenloyalität

Ohne **Kunden**loyalität
➔   kein Geschäftserfolg

Ohne **Geschäftserfolg**
➔   keine nachhaltigen Beiträge für die *Gesellschaft*

Abbildung 17

Es gibt eindeutige Abhängigkeiten, die in vielen Unternehmen noch zu wenig Berücksichtigung finden. Sehr oft wird argumentiert, was ist wichtiger, der Aktionär oder die Mitarbeiter und/oder die Kunden. Wichtig ist, dass man die Abhängigkeiten versteht, dass nämlich ohne Mitarbeiterzufriedenheit und Begeisterung keine Kundenbegeisterung und keine Kundenloyalität möglich ist und dass ohne Kundenloyalität kein langfristiger Geschäftserfolg erreichbar ist (siehe hierzu auch Kapitel 5.2. Kunde). Und es ist klar, dass ohne Geschäftserfolg kein Unternehmen einen positiven Beitrag für eine Gesellschaft leisten kann. Die Herausforderung für das Management besteht darin, die berechtigten Interessen der vier Stakeholder in Balance zu halten, sicherzustellen, dass alle vier ein „Smilie" auf dem Gesicht haben und mit der Situation zufrieden sind.

Was sind, neben diesen prinzipiellen Zielen, die jedes Unternehmen hat, die wesentlichen Managementaufgaben?

Managementaufgaben

- Sinn und Zweck, Perspektive und Ziele festlegen
- Werte, Prinzipien festlegen und **vorleben**
- Auswahl der Mitarbeiter
- Organisieren
- Erwartungshaltung setzen
- Entscheiden
- Messen (Kontrollieren)
- Motivieren und kommunizieren
- Menschen entwickeln und fördern
- Kurs halten, fokussieren

Abbildung 18

Jede Organisation und jeder Mitarbeiter muss wissen, was Sinn und Zweck der Organisation ist, welche Ziele das Unternehmen hat, welche Aufgaben zu bewältigen sind und wie das erwartete Ergebnis aussehen soll. Warren Bennis beschreibt es so: „Es ist wichtig, einen gemeinsam getragenen Zweck zu entwickeln, weil alle Mitarbeiter das brauchen. Das ist, warum sie leben. Und ich bin überzeugt, dass die Kraft einer Organisation sich aus diesem Zweck ableitet. Mit einem klaren Zweckverständnis kann jede Organisation alles erreichen." (Siehe hierzu auch das Buch „Die Sinn-Macher" von Gertrud Höhler.)

Daneben ist es wichtig, dass die Organisation über eine klare Vision verfügt, die nicht nur materielle Elemente hat, sondern auch emotionale Komponenten beinhaltet, die dem Unternehmen eine klare Richtung vorgeben. Ein herausragendes Beispiel ist hier BMW mit der Vision „Freude am Fahren". Hierdurch fühlt sich der Kunde angesprochen, aber auch jeder Mitarbeiter in der Organisation, der Mitarbeiter im Vertrieb, der Ingenieur in der Entwicklung; jeder auf seine Weise.

Viele Unternehmen tun sich schwer, eine klare Vision zu formulieren, die einerseits inspirierend und herausfordernd und auf der anderen Seite doch einfach verständlich ist. Es ist allerdings unverzichtbar, dass dem Management und jedem Mitarbeiter die Perspektive und die Ziele klar sind und dass verstanden wird, was die gesamte Wertschöpfung für das Unternehmen ist und wie die Wertschöpfungskette aussieht. Wenn die Wertschöpfungskette nicht zusammenhängend für das gesamte Unternehmen vorliegt, so muss sie jedoch zumindest für die einzelnen Unternehmensbereiche vorliegen. In der Wertschöpfungskette wird beschrieben, welcher Mehrwert in jedem Element der Kette erbracht wird, von wem (vom Einzelnen oder von einem Team) und wie alles zusammenpasst, damit der Kunde ein fertiges Produkt beziehungsweise eine komplette Lösung geliefert bekommt. Für die bereits erwähnten Ziele, die es zu erreichen gilt, müssen die zugehörigen messbaren Ergebnisse definiert sein. (Siehe hierzu auch Kapitel 3.7.)

Wie bereits im Kapitel *Unternehmenskultur* ausgeführt, ist das Wertesystem von entscheidender Bedeutung. Die Werte müssen vom Management gelebt und vorgelebt werden. Eine Schlüsselaufgabe für einen Manager ist die Führung seiner Mitarbeiter. Die wesentlichen Aufgaben sind:

- Auswahl der Mitarbeiter

- Vereinbaren der zu erreichenden Ziele (Ergebnisse)

- Setzen der Erwartungshaltung

- Kommunikation mit den Mitarbeitern

- Entwicklung beziehungsweise Weiterentwicklung der Mitarbeiter

- Sicherstellen, dass die Mitarbeiter ihre volle Kraft und Kreativität in den Dienst des Unternehmens stellen

- Vertretung nach außen, insbesondere zum Kunden

- Vertretung nach innen, Schnittstelle zu den anderen Organisationen

Es ist Aufgabe des Managements, hierfür die entsprechenden Rahmenbedingungen zu schaffen.

Auswahl der Mitarbeiter

Am Anfang einer Suche nach einem neuen Mitarbeiter sollten folgende Fragen stehen:

- Ist die Aufgabenstellung für die zu besetzende Stelle klar?
- Sind die Talente, die ein Mitarbeiter mitbringen muss, überhaupt bekannt?
- Über welches Wissen und welche Skills muss der Bewerber verfügen?
- Welche soziale und emotionale Kompetenz wird erwartet?
- Was kann und muss trainiert werden?
- Welche potenziellen Fähigkeiten für gegebenenfalls zukünftige Tätigkeiten sind gewünscht?
- Wie wird das gewünschte Mitarbeiterprofil abgeprüft?
- Wie viel Zeit und wie viel Aufwand betreiben wir bei der Auswahl der richtigen Mitarbeiter?

Fehler, die bei der Auswahl der Mitarbeiter gemacht werden, können zu erheblichen finanziellen Risiken führen und sind nur schwer zu korrigieren. Beide Seiten verlieren, der Mitarbeiter gegebenenfalls seinen Arbeitsplatz mit erheblichen Konsequenzen für ihn und seine Familie und das Unternehmen hat erhebliche Kosten und gegebenenfalls zeitliche Konsequenzen zu tragen.

Es ist interessant zu sehen, dass einige Unternehmen diese so wichtige Aufgabe outsourcen. Sind so wirklich die besten Leute zu finden? Sehr oft wird die Mitarbeiterauswahl komplett auf die Personalabteilung verlagert. So wichtig eine solche Funktion auch ist und auch wenn sie sicherlich wichtige Beiträge bei der Auswahl der Mitarbeiter erbringt, so ist es doch unerlässlich, dass der jeweilige Vorgesetzte die entscheidende Rolle bei der Auswahl spielt. Sicherlich bedarf es hier einer systematischen und professionellen Unterstützung durch die Personalabteilung, da ein Vorgesetzter in der Regel nur einige wenige Einstellungen pro Jahr vornimmt. Hier sei noch einmal auf das Buch von Buckingham und Coffman „First Break all the Rules" verwiesen.

Ziele vereinbaren

(siehe auch Kapitel 3.7)

Alle Ziele müssen definiert und zwischen dem jeweiligen Management und den betroffenen Mitarbeitern vereinbart werden. Auch hier stehen einige Fragen am Anfang des Prozesses:

- Hatten die Mitarbeiter ausreichende Möglichkeit, entsprechende Inputs zu geben?

- Wurden die Ziele vorgegeben oder gemeinsam vereinbart?

- Hatten die Mitarbeiter genügend Zeit, die Rahmenbedingungen zu verstehen und die Konsequenzen, die sich aus den Zielen ergeben, ausreichend zu verarbeiten?

- Verstehen sie, was diese für das Team und für sich selbst bedeuten, sodass sie sich damit auch ausreichend identifizieren können?

Kommunikation mit den Mitarbeitern

Kommunikation ist in jeder Organisation ein Thema. Je integrierter und komplexer ein Unternehmen organisiert ist, umso wichtiger ist eine ausreichende Kommunikation über alle Ebenen. In fast allen Unternehmen wird bei Mitarbeiterumfragen eine schlechte beziehungsweise nicht ausreichende Kommunikation bemängelt. Viele Mitarbeiter beklagen, dass sie nicht ausreichend informiert werden, andere beklagen, dass sie zu viel Informationen bekommen, die sie unmöglich verarbeiten können, und/oder dass die Informationen nicht das richtige Format haben. Eine angemessene Kommunikation zu gewährleisten, ist eine der schwierigsten Managementherausforderungen. Es wird nur unzureichend verstanden, wie und in welcher Form erfolgreich kommuniziert wird. Der notwendige Zeitaufwand wird in aller Regel unterschätzt. (Siehe hierzu auch Kapitel 5.5.)

Entwicklung der Mitarbeiter

Eine der wichtigsten Aufgaben des Managements besteht darin, die Mitarbeiter in ihrer Aufgabenerfüllung zu unterstützen und sie bei ihrer Entwicklung zu begleiten.

Peter Drucker gibt uns vor, was wir tun müssen, um uns selbst und unsere Mitarbeiter zu entwickeln:

- Identifiziere deine Stärken
- Verbessere deine Stärken
- Erhöhe dein Wissen
- Eliminiere schlechte Angewohnheiten
- Praktiziere gutes Verhalten und Auftreten
- Vermeide deine Schwächen

Wichtig ist es, dass wir versuchen, die Stärken weiter auszubauen. Wir legen zu viel Wert darauf, Schwächen abzubauen. (Siehe hierzu auch Kapitel 4.5.)

Der Entwicklung der Mitarbeiter wird in den meisten Unternehmen zu wenig Beachtung und auch Zeit geschenkt. Hierzu nur einige kritische Fragen.

- Inwieweit unterstützen unsere Strukturen zum Beispiel das Verhältnis von Mitarbeitern zu Vorgesetztem eine effektive Führung?

- Wie viel „Remote Management" haben wir etabliert? Wie sind die virtuellen Teams organisiert?

- Kennen sich die Mitarbeiter in den Teams noch persönlich?

- Wie oft hat der Manager noch persönlichen Kontakt mit seinen Mitarbeitern?

- Wie oft gibt er persönliches Feedback?

- Nehmen wir uns die Zeit für offizielle drei monatliche oder zumindest jährliche persönliche Mitarbeitergespräche?

- Wird diese wichtige Aufgabe vielleicht sogar an andere Mitarbeiter delegiert?

Bei Mitarbeitern, die „remote" gemanagt werden, gibt es immer wieder Situationen, dass Mitarbeiter ihre Vorgesetzte nur ein oder zweimal im Jahr sehen und ein Gespräch führen können. Das ist einfach zu wenig. Leider gibt es kein allgemeines Verständnis darüber und keine Maßzahl, wie wir Mitarbeiterentwicklung und Mitarbeiter-Management messen. Aber wir müssen verstehen, dass erfolgreiches Business-Management in der Konsequenz erfolgreiches Mitarbeiter-Management bedeutet.

Vertretung nach innen und außen

Es ist Aufgabe des Managers, die Interessen des Teams und der Mitarbeiter nach außen zum Beispiel zum Kunden beziehungsweise zu Partnern und nach innen gegenüber anderen Bereichen, seinen Kollegen und seinen Chefs beziehungsweise dem Aufsichtsrat zu vertreten.

3.3 Führungsstile

Trotz aller Management-Bücher und -Theorien, die versuchen, uns nahe zu bringen, dass ein kooperativer Führungsstil der für unsere Zeit angemessene Führungsstil ist, wird in der Realität in den meisten Unternehmen – sowohl national als auch global – ein direktiver und autoritärer Führungsstil über alle Managementebenen hinweg praktiziert. Dieser Führungsstil zerstört die Moral und die Motivation der Mitarbeiter. Und wie die bereits zitierten Studien belegen, fügt dieser Führungsstil den Unternehmen und Volkswirtschaften riesige Schäden zu. Leider sind diese Schäden nicht offensichtlich und keiner der Verantwortlichen hat natürlich ein Interesse daran, dies zuzugeben, insbesondere nicht das für diese Situation verantwortliche Management.

Das prinzipielle Modell in Abbildung 19 zeigt die fundamentalen Zusammenhänge auf. Es verdeutlicht, welcher Grad an Motivation erreicht werden kann, wenn man die zwei prinzipiellen Führungsstile gegenüberstellt. Natürlich gibt es wesentlich mehr Führungsstile als diese beiden. Aber um das Prinzip deutlich zu machen, möchte ich die in der Realität sicherlich wesentlich komplexere Situation auf die zwei grundsätzlichen Stile reduzieren.

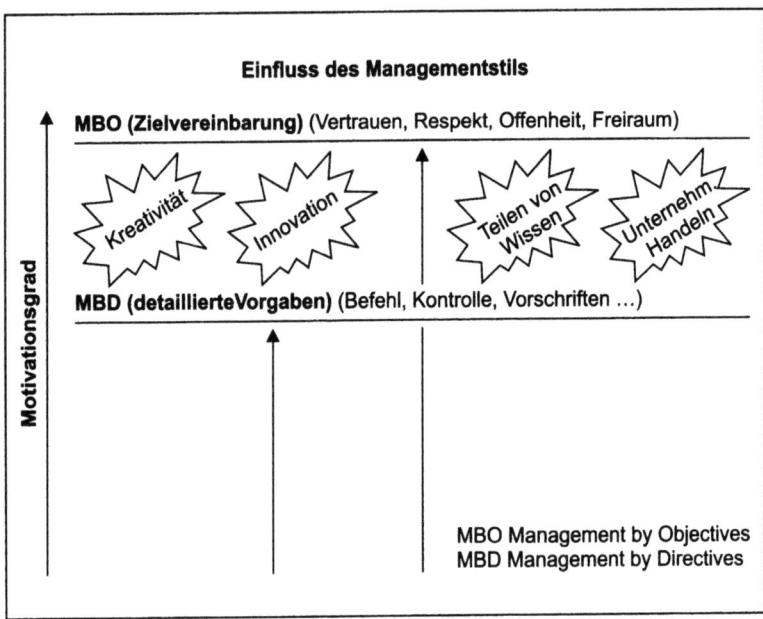

Abbildung 19

Mit dem Führungsstil einher geht die Managementmethode, mit der geführt wird und nach der Ziele gesetzt werden. Für den kooperativen Führungsstil bietet sich MBO (Management by Objectives) als Managementmethode an. Hier werden die Ziele des Mitarbeiters zwischen dem Vorgesetzten und dem Mitarbeiter einvernehmlich vereinbart. MBO basiert auf Vertrauen, Respekt, Offenheit und „Empowerment".

Die Managementmethode, die für einen autoritären Führungsstil steht, der Mitarbeitern im Detail vorschreibt, was und wie etwas zu tun ist und der sich mit einem Befehls- und Kontrollsystem beschreiben lässt, nenne ich MBD (Management by Directives). Dieser autoritäre Führungsstil erwartet, dass Manager auf mittleren und unteren Führungspositionen sowie die Mitarbeiter auf der Arbeitsebene ihre Aufgaben ausführen wie beschrieben und vorgegeben. Eigenständiges Denken und Handeln sind hier nicht gewünscht. Es muss auch noch erwähnt werden, dass viele Unternehmen durchaus einen kooperativen Führungsstil als den offiziellen Führungsstil propagieren.

68

Entscheidend ist aber nicht, was gesagt wird oder geschrieben steht, sondern, wie sich der jeweilige Vorgesetzte verhält und welchen Führungsstil er praktiziert.

Ein hoher Grad an Motivation kann nur mit einem kooperativen Führungsstil erreicht werden. Nur mit diesem Führungsstil werden Fähigkeiten, wie zum Beispiel Kreativität, Innovation, hohe Leistungsbereitschaft, unternehmerisches Handeln, Risiken übernehmen und, und, entwickelt und erfolgreich umgesetzt.

Was mich immer wieder fasziniert, ist, dass auch die autoritären Manager, diese Fähigkeiten von ihren Mitarbeitern erwarten. Ich habe noch keinen Manager gesehen, der nicht sagt, dass er kreative und innovative Mitarbeiter haben will. Sie sollen sich unternehmerisch verhalten und Risiken übernehmen. Diese Manager verstehen einfach nicht, dass dies ein massiver Widerspruch ist. Wie kann ich erwarten, dass meine Mitarbeiter kreativ sind, wenn alles im Detail vorgegeben wird? Ihnen wird ja geradezu verboten, eigenständig zu denken und zu handeln. In Unternehmen mit einem kooperativen Führungsstil dagegen werden genau die gewünschten Fähigkeiten entwickelt und sie können sich voll entfalten.

In vielen Firmen besteht eine Tendenz, Mitarbeiter und Manager mit Geld zu motivieren. Geld ist, wie viele Studien zeigen, bei weitem nicht der wichtigste Motivationsfaktor. Es wird dann wichtig, wenn die Moral und die Motivation bereits sehr niedrig sind. In Unternehmen mit hoher Moral und Motivation spielt Geld eine untergeordnete Rolle. In der Abbildung 20 werden die Ergebnisse einer Studie von Professor Rolf Wunderer, Universität St. Gallen, dargestellt, die die Motivationsbarrieren aufzeigt. Wunderer führt aus, dass Demotivation nur durch den Abbau dieser Motivationsbarrieren beseitigt werden kann. Dies führt dann zu Remotivation, wie er es nennt.

Wie wir in der Abbildung 20 sehen, steht Geld relativ weit unten auf der Liste. Ich bin sicher, wir haben bereits alle die Erfahrung gemacht, dass wir nicht über Bezahlung nachdenken, wenn wir tun, was wir gerne machen und was uns motiviert und engagiert an die Aufgabe herangehen lässt. Natürlich mit der Einschränkung, dass wir das Gefühl haben, eine faire Kompensation zu erhalten. Aber wenn Mitarbeiter sich nicht mehr engagieren, wenn sie frustriert sind, dann wird die Bezahlung zum wichtigsten Thema.

Motivationsbarrieren

● Arbeitsinhalt	42 Prozent
● Beziehung zu direktem Manager	19 Prozent
● Beziehung zu Teammitgliedern	19 Prozent
● Einfluss auf das persönliche Leben	19 Prozent
● Anerkennung	17 Prozent
● Organisationskultur	17 Prozent
● Identifikation, Motivation	15 Prozent
● Chancen, Perspektiven	14 Prozent
● Verantwortung	11 Prozent
● Firmen und Personalrichtlinien	7 Prozent
● Ressource Verfügbarkeit	6 Prozent
● Bezahlung/Kompensation	5 Prozent
● Arbeitskoordination	5 Prozent
● Beziehung zu höherem Management	3 Prozent
● Arbeitsausführung	3 Prozent
● Beziehung zu anderen Abteilungen	2 Prozent
● andere Motivationsbarrieren	7 Prozent

Quelle: Prof. Rolf Wunderer, Universität St. Gallen

Abbildung 20

In der letzten Zeit gibt es auch Diskussionen, inwieweit der Führungsstil überhaupt eine Rolle bei der Leistung von Unternehmen spielt. Diese Frage wird sehr exponiert von Professor Fredmund Malik von der Universität St. Gallen gestellt.

Wenn man sich jetzt die Matrix in der Abbildung 21 anschaut, dann kann man in der Tat aus dem Führungsstil nicht direkt ableiten, was der beste Führungsstil ist. Natürlich kann eine gute Leistung auch mit einem autoritären Führungsstil erreicht werden. Die Frage ist nur, könnte man mit einem anderen Führungsstil noch mehr erreichen und eine hohe Leistung auch langfristig und nachhaltig erzielen.

Führungsstile und deren Einfluss auf Leistung/Ergebnis

kooperativ ◄──► gutes Ergebnis	Optimum
kooperativ ◄──► schlechtes Ergebnis	schlecht, kann aber positiv werden
autoritär ◄──► gutes Ergebnis	OK, es besteht aber das Risiko, dass es negativ wird
autoritär ◄──► schlechtes Ergebnis	Katastrophe, sofort trennen

Ein kooperativer Führungsstil muss einhergehen mit klarem Leistungsanspruch und -management.

Abbildung 21

Jack Welch formuliert es so: „Manager, die zwar ihre Zahlen machen, aber das Wertesystem des Unternehmens nicht leben, zerstören langfristig das Unternehmen und müssen ersetzt werden". Das Management sollte bestrebt sein, Rahmenbedingungen zu schaffen, in denen sich die Energie und die Kraft der Mitarbeiter voll entfalten kann. Reinhard Mohn, der frühere Chef von Bertelsmann, sagt es wie folgt: „Die heutige komplexe Wirtschaft kann nur mit einem kooperativen Führungsstil bewältigt werden. Dies muss sich in der Unternehmenskultur des Unternehmens niederschlagen."

Sehr oft hört man, kooperativ meine, dass man immer nur einen Kompromiss sucht und manchmal eben auch einen faulen Kompromiss schließt. Wenn ein solcher Konsens nicht gefunden werden kann, dann geschieht eben gar nichts.

Dies hat nichts mit einem verantwortlichen Führungsstil zu tun. Es hat nichts mit „Laisser-faire" zu tun. Entscheidungen müssen rechtzeitig getroffen werden und Kompromisse sind nur akzeptabel, wenn sie sicherstellen, dass die gesteckten Ziele auch erreicht werden können. Ein kooperativer Führungsstil muss einhergehen mit einer klaren Anforderung an Leistung und einem ergebnisorientierten Management.

Ein Manager, der an einer hohen Glaubwürdigkeit und Motivation seiner Mitarbeiter interessiert ist, nimmt Herausforderungen an und strebt hohe Ziele an. Er fordert eine Topleistung von jedem Mitarbeiter in der Organisation, zuallererst aber von sich selbst. Mitarbeiter fühlen sich in einer solchen Umgebung wohl. Sie wollen erfolgreich sein und sie wollen stolz sein, auf das, was sie tun und auf die Organisation, für die sie tätig sind. Für die Moral und für die Motivation ist die direkte Führungskraft entscheidend. Ein richtig verstandener und konsequent angewandter kooperativer Führungsstil ist einem autoritären Führungsstil bei weitem überlegen.

3.4   Freiraum und „Empowerment"

Ich glaube, es liegt in der Natur des Menschen, dass sie den Freiraum haben wollen, zu entscheiden, was und wie sie es tun wollen. Dies ist mit Sicherheit für unsere besten Mitarbeiter richtig und wenn diese diesen Freiraum nicht in unserer Organisation finden, dann werden sie ihn sich irgendwo anders suchen.

Unglücklicherweise glauben die meisten Manager nicht, dass man Mitarbeitern großen Freiraum geben kann und dass man wirklich loslassen kann. Sie sind davon überzeugt, dass man Mitarbeitern sagen muss, was und wie sie es tun haben. Sie fühlen sich nur komfortabel, wenn sie glauben, die Kontrolle zu haben. Sie glauben allein beziehungsweise besser zu wissen, was richtig ist. Sie werden sehr unsicher, wenn sie nicht überblicken, was passiert und wenn die Macht und die Verantwortlichkeiten über mehrere Ebenen verteilt sind.

Ich bin immer wieder überrascht, dass die meisten Manager auf die Frage, was für sie in ihrem Job am wichtigsten ist, sagen, es ist der Freiraum, den ich habe, Dinge zu gestalten und das eigene Business zu strukturieren. Die gleichen Leute glauben aber, dass sie ihren eigenen Leuten keine Freiräume einräumen können. Ist das nicht erstaunlich? Warum räumen wir unseren Mitarbeitern nicht die gleichen Freiräume und Möglichkeiten ein und schenken ihnen nicht das gleiche Vertrauen, das wir gerne für uns selbst in Anspruch nehmen? Kreativität und Energie kann sich nur entwickeln, wenn wir unseren Mitarbeitern die Freiheit geben, Entscheidungen zu treffen und Dinge zu gestalten. Dies bedeutet natürlich, dass wir unsere Mitarbeiter auch mit der entsprechenden Kompetenz und Autorität ausstatten müssen, wir müssen sie „ empowern".

Professor Argyris von Harvard sagt: „Es ist fundamentale Wahrheit, dass je weniger ‚Power' der Mensch hat, je weniger fühlt er sich der Sache verpflichtet." Wissen wir nicht alle, dass dies richtig ist? Aber wird dieser fundamentalen Wahrheit in unserer heutigen Geschäftswelt Rechnung getragen? Heute ist es modern, Mitarbeiter in Ansprachen und Hochglanzbroschüren zu „empowern", und fast jeder Manager nimmt das für sich in Anspruch. Hierzu noch einmal Professor Argyris: „Manager unterminieren ‚Empowerment unterschwellig. Sie lieben ‚Empowerment' in der Theorie, aber Befehl und Kontrolle ist das, was sie wirklich mögen, dem sie vertrauen und was sie am besten können."

Wenn man Mitarbeiter wirklich „empowern" will, dann muss man lernen, los zu lassen. Dies ist sicherlich einer der schwierigsten Aufgaben. Dies war auch für mich persönlich nicht einfach und es hat einige Jahre gebraucht, bis ich loslassen konnte und bis ich die die Konsequenzen von „Nicht-Loslassen" wirklich verstanden hatte. Fragen, die sich in einem solchen Prozess unweigerlich stellen sind: Wie werden die Mitarbeiter mit dem Freiraum umgehen? Werden sie ihn missbrauchen? Werden sie unvernünftige Entscheidungen treffen? Die Erfahrung, die ich gemacht habe, war genau das Gegenteil. Mitarbeiter, denen man vertraut, verhalten sich in aller Regel sehr vernünftig. Dies bestätigte sich mir zum Beispiel, als wir jeden Mitarbeiter in der deutschen Service-Organisation von HP ohne Genehmigung des jeweiligen Managements autorisierten, bis zu 500 Euro auszugeben, um ein Kundenproblem zu lösen. Es war sogar so, dass die Mitarbeiter hierüber gegenüber dem Management nicht zur Rechenschaft verpflichtet waren, natürlich mit der Einschränkung, dass es zur Lösung eines Kundenproblems eingesetzt werden musste. Das Problem war, dass diese Möglichkeit zu wenig von den Mitarbeitern wahrgenommen wurde. Wir mussten die Mitarbeiter ermutigen, davon Gebrauch zu machen. Das Ergebnis war, dass sich die Kundenzufriedenheit erheblich verbesserte. Die Mitarbeiter fühlten sich auch wesentlich besser, da sie gegenüber dem Kunden kompetent auftreten konnten und nicht für jede Kleinigkeit Rücksprache mit ihren Vorgesetzten nehmen mussten. Dies wurde auch von den Kunden sehr geschätzt. Im Übrigen haben sich die Kosten für Kulanzleistungen durch diese Maßnahmen reduziert. Eine ähnliche Erfahrung haben auch andere Unternehmen wie zum Beispiel Ritz Carlton und DHL gemacht. Auch dort verbesserte sich die Kundenzufriedenheit, die Mitarbeiterzufriedenheit und die Moral, und die Kosten für Kulanzleistungen reduzierten sich. Nach dem echten Loslassen hatte ich zum ersten Mal eine Umgebung von echtem Vertrauen geschaffen.

Wenn wir unseren Mitarbeitern nicht die volle Autorität geben, die die Aufgabe erfordert, um das Richtige zu tun und ohne dass wir uns als Manager die letzte Entscheidung vorbehalten, dann bedeutet dies, dass wir den Mitarbeitern nicht wirklich vertrauen und dass sie sich dann auch nicht wirklich „empowered" fühlen. Wenn wir unsere Mitarbeiter nicht den notwendigen Freiraum geben und sie nicht mit der notwendigen Entscheidungskompetenz ausstatten, dann werden sie sich entsprechend verhalten. Sie werden im besten Fall das tun, was wir ihnen aufgetragen haben, und sie werden nach außen signalisieren, ich habe keine Kompetenz und keine Einflussmöglichkeiten.

Ist es nicht geradezu beschämend, dass viele Mitarbeiter es aufgegeben haben, sich in ihrem Job voll zu engagieren, und dass sie ihre volle Energie auf externe Aktivitäten verlagern? Wie viele Mitarbeiter sind außerhalb des Jobs wahre Helden, die gleichen Leute, denen wir in den Unternehmen unterstellen, dass sie faul und wenig produktiv sind. Außerhalb des Unternehmens tun sie Dinge zum Beispiel als Vorsitzender eines Vereins, die wir ihnen im Unternehmen niemals zutrauen würden.

Ist die Ursache dafür bei diesen Mitarbeitern zu suchen oder nicht vielmehr im Fehlverhalten des Managements? Wenn wir unseren Mitarbeitern das volle Vertrauen schenken sie und mit der vollen Autorität ausstatten, dann werden sie die Aufgaben bewältigen und mit der erhaltenen Verantwortung sehr verantwortlich umgehen.

In seinem Buch „Der Innovationskreis" sagt Tom Peters: „Der neue Mitarbeiter soll und wird seine Energie ausschließlich auf seine eigene Entwicklung und seine Interessen ausrichten." Ich stimme Tom Peters zu, dass dies wahrscheinlich unter den bestehenden Rahmenbedingungen passieren wird. Ist es aber wirklich das, was wir Manager und Unternehmer wollen? Da viele Unternehmen nicht mehr loyal zu ihren Mitarbeitern sind und Mitarbeiter quasi als Verfügungsmasse betrachten, können wir nicht erwarten, dass die Mitarbeiter sich den Unternehmen gegenüber loyal verhalten. Mir hat einmal ein Top-Manager gesagt: „Ich habe keine Loyalität zu Mitarbeitern, egal wie lange sie auch für mich gearbeitet haben." Dieser Manager erwartete aber Loyalität der Mitarbeiter gegenüber dem Unternehmen. Sicherlich eine nicht gerade realistische Vorstellung.

Ich habe den Eindruck, dass viele Manager nicht verstehen, was wir alles verlieren, wenn unsere Mitarbeiter sich dem Unternehmen gegenüber nicht mehr loyal verhalten. Ich glaube, es ist menschliche Natur, dass man loyal ist. Dies bedeutet, dass Mitarbeiter sehr enttäuscht sind, wenn dieses Grundbedürfnis nicht erfüllt wird. Dies ist besonders kritisch bei unseren besten Leuten, die ihre ganze Energie für das Unternehmen einbringen und dann um so mehr enttäuscht sind. Wenn sie diese Rahmenbedingungen nicht vorfinden, werden sie das Unternehmen verlassen oder ihre Energie nach außen orientieren.

Wir müssen alles tun, damit unsere Mitarbeiter ihre volle Kraft und all ihre Kreativität auf die Entwicklung und den Erfolg des Unternehmens ausrichten, um der Konkurrenz immer einen Schritt voraus zu sein. Wenn es richtig ist, dass Freiraum und „Empowerment" das ist, was Mitarbeiter anstreben und was Voraussetzung für ihre Motivation ist, warum tun wir dann nicht alles, um entsprechende Rahmenbedingungen zu schaffen? Für viele Unternehmen ist es sogar eine Überlebensfrage ist, insbesondere für solche, die sich global behaupten müssen, ob sie das volle Potenzial der Mitarbeiter für das Unternehmen freisetzen können.

In vielen Unternehmen sind die meisten Mitarbeiter auch in ihren Jobs unterfordert. Wissen wir nicht aus Erfahrung, dass die Mitarbeiter in den meisten Fällen einen hervorragenden Job machen, wenn sie mit großen Herausforderungen konfrontiert wurden und wir ihnen das

Vertrauen schenkten? Natürlich kann jeder machen kann, was er will. Es ist Aufgabe der Rahmenbedingungen, dass die gesamte Energie in die gewünschte Richtung gelenkt wird. Wir müssen alle Mitarbeiter individuell betrachten, ausgehend von deren Wissen, Skills und ihren Talenten, aber natürlich auch von dem jeweiligen Reifegrad. Nach meiner Erfahrung können mehr als 60 Prozent der Mitarbeiter Aufgaben erledigen, die anspruchsvoller sind als das, was sie aktuell tun.

Eine erfolgreiche Implementation einer Wollen-Kultur erfordert, dass wir den Mitarbeitern einen großen Freiraum geben und sie so „empowern", dass sie das Richtige für die Kunden und das Unternehmen tun können.

3.5 Identität

Identität ist ein kritisches Element bei dem Managementrahmen, den wir beachten müssen. Unter Identität soll hier die Identität des Einzelnen und des Teams verstanden werden. Zum Thema Identität stellen sich folgende Fragen:

- Weiß ich, wer ich bin?
- Kenne ich meine Stärken und Schwächen?
- Was sind meine Beiträge für die Organisation beziehungsweise das Unternehmen?
- Was ist meine Position im Team?
- Wie sieht mich mein Chef?
- Wie werde ich von meinen Kollegen gesehen?
- Wie sehen mich meine Kunden?

Und bezogen auf das Team,

- Wer sind wir?
- Sind wir erfolgreich?
- Wo stehen wir im Markt?
- Wie sieht unser Kunde uns?
- Wie werden wir vom Wettbewerb gesehen?
- Wie sehen uns unsere Partner?
- Wie werden unsere Beiträge von Nachbarabteilungen gesehen?

Die Bedeutung der Identität habe ich selbst über viele Jahre vernachlässigt und nicht richtig verstanden. So habe ich zum Beispiel früher einem neuen Manager erklärt, nachdem ich ihn ausgewählt hatte und ihn in seine neue Aufgabe einführte, dass es seine Aufgabe sei, sich mit seinen neuen Kollegen im Team zu arrangieren, und seine Verantwortung sei, dass die Teamarbeit in dem neuen Setup funktionierte. Abhängig vom Reifegrad des neuen Managers dauerte diese Findungsphase zwischen zwei Monaten und manchmal mehr als einem Jahr, bis die Teamarbeit funktionierte und der „Neue" sich halbwegs vernünftig etabliert hatte und als Kollege akzeptiert war. Was ich dabei nicht bedacht hatte, war die Tatsache, dass Menschen, die ihre Position beziehungsweise ihre Identität noch nicht gefunden haben, überhaupt nicht in der Lage sind, sich in ein Team zu integrieren und/oder sich in ein Netzwerk einzufügen. Als mir dies klar wurde, änderte ich den Prozess und die Erwartungshaltung dahingehend, dass ich dem „Neuen" zunächst zugestand, dass er seine Position und Identität in seiner eigenen Mannschaft finden konnte und dass ich seine Kollegen im Managementteam bat, ihn dabei zu unterstützen. Darüber hinaus wurde die Erwartungshaltung dahingehend geändert, dass die Kollegen im Managementteam die Verantwortung für eine funktionierende Teamarbeit hatten und dem „Neuen" bei der Integration in das Team halfen. Da dies ja potenziell jeden einmal treffen kann, wurde diese Veränderung sehr positiv aufgenommen und fand die Unterstützung aller Kollegen.

Das Ergebnis war, dass die Zeiten für die Einarbeitung erheblich verkürzt werden konnten. Der Zeitraum für eine volle Integration betrug danach noch maximal drei Monate, erfahrene Manager sind heute nach einem Monat voll integriert. Der Frage der Identität habe ich danach eine wesentlich höhere Bedeutung beigemessen als früher.

Dies müssen wir bei allem, was wir tun, verstehen und berücksichtigen. Menschen können erst dann ihre Leistung bringen, wenn sie selbst wissen, wo sie stehen. Menschen, die unsicher sind, machen zu, sie sind nicht offen für neue Dinge, sie können sich nicht mit anderen Menschen vernetzen. Sie sind nicht zur Teamarbeit fähig. Dies gilt sowohl für den Einzelnen als auch für ganze Teams.

Dies bedeutet, dass es eine wichtige Aufgabe ist, jedem Mitarbeiter, jedem Team und jeder Organisation die Möglichkeit zu geben, eine starke Identität zu entwickeln. In vielen Firmen wird dagegen eine eigene Identität nicht gewünscht und oft auch unterdrückt. Dabei wissen wir alle, dass gute Teams spätestens vierzehn Tage nach Etablierung ihr eigenes Logo haben. Ich halte dies für eine ganz normales und positives Verhalten. Mitarbeiter wollen sich identifizieren, sie wollen stolz auf das sein, was sie tun, und sie möchten, dass die Außenwelt sie damit identifiziert.

Natürlich kann jetzt nicht jedes Team in einem Unternehmen ein neues „Brand" entwickeln, da ein „Brand" für ein Unternehmen einen hohen Wert darstellen kann und entsprechend gepflegt werden muss. In diesem Zusammenhang muss ein Rahmen geschaffen werden, in dem Subidentitäten nicht nur zulässig sondern sogar gewünscht sind. Ich halte es für außerordentlich wichtig, Identitäten zu fördern. Sie erzeugen eine unglaublich hohe Energie und Identifikation mit der Aufgabe. Natürlich sind Mitarbeiter mit einer hohen Identität und einer starken Persönlichkeit schwieriger zu führen. Sie haben ihren eigenen Willen und sie passen nicht gut in ein Befehls- und Kontrollsystem. Sie wollen klare Ziele haben, sie wollen die Strategien und die Rahmenbedingungen verstehen, und sie wollen Sinn und Zweck des Ganzen verstehen. Es ist aber auch nicht die Aufgabe, das Leben des Managements einfach zu machen. Es ist die Aufgabe des Managements, Rahmenbedingungen zu schaffen, in denen Mitarbeiter erfolgreich und effektiv arbeiten können, und dazu gehört auch, starke Persönlichkeiten und Identitäten zu fördern und zu entwickeln, auch wenn die dann den Managern das eine oder andere Problem machen.

Die Bedeutung einer starken Identität nimmt gerade in der heutigen Zeit zu. Wir arbeiten zunehmend in einer vernetzten Welt, und nur starke Identitäten, seien es nun einzelne Personen und/oder Teams, sind fähig, in solchen Netzwerken erfolgreich zu arbeiten. Mitarbeiter oder Organisationen, die über keine starke Identität verfügen, die einhergeht mit großem Selbstvertrauen und Verantwortung, werden in dieser Neuen Welt keine Chance haben zu gewinnen. Auch unsere externen Partner wollen mit starken Leuten zu tun haben, mit Personen, auf die sie sich verlassen können, die auch in der Lage sind, innerhalb der Unternehmen etwas durchzusetzen.

3.6 Unternehmerisches Handeln

Manager, so hört man immer wieder, wünschen sich Mitarbeiter, die sich unternehmerisch verhalten. Aber wird dies wirklich von den Managern gewünscht? Müssten wir dann nicht wirklich die Mitarbeiter „empowern" und ihnen den Freiraum geben, den man braucht, um unternehmerisch zu arbeiten?

Natürlich gibt es einen großen Unterschied im unternehmerischen Verhalten zwischen einem echten Unternehmer, dem das Unternehmen gehört, und einem Mitarbeiter oder einem Manager, der in einem Unternehmen angestellt ist. Aber viele Elemente sind vergleichbar. Das Wichtigste ist in beiden Fällen, ob die innere Einstellung vorhanden ist, die unternehmerisches Handeln ausmacht. Hierzu ist es nötig, dass wir Rahmenbedingungen innerhalb der Unternehmen schaffen, die denen eines echten Unternehmers sehr nahe kommen.

Ich selbst war dreizehn Jahre selbstständig und weiß, dass auch der echte Unternehmer nicht alles tun kann, was er will. Auch er hat viele Beschränkungen, denen er sich unterwerfen muss. Entscheidend ist, dass die handelnden Personen Verantwortung übernehmen, Initiative ergreifen und sehr kundenorientiert sind. Unternehmerisch handelnde Personen haben ein Interesse am Ganzen, nicht nur jeweils für die eigene Abteilung, sei es nun Marketing, Vertrieb oder Produktion. Sie wollen einen Beitrag für den Erfolg des ganzen Unternehmens erbringen zum Nutzen des Kunden, für die Mitarbeiter und für den Aktionär. Natürlich sind auch diese Mitarbeiter nicht einfach zu führen, sie haben ihre eigenen Ideen und Pläne. Aber wenn es gelingt, diese Mitarbeiter hinter die Strategien und Ziele des Gesamtunternehmens zu bringen, dann sind diese Mitarbeiter die wertvollsten, die ein Unternehmen haben kann. Es sind die Mitarbeiter und Manager, die Entwicklungen und Änderungen vorantreiben und die entscheidend für den Erfolg sind.

Beispiel

In einer der Organisationen, die ich während meiner HP-Zeit geleitet habe, wollte ich das Thema „Lernende Organisation" weiter vorantreiben. Ich plante dies im Rahmen einer Veranstaltung zu erreichen. Ich hatte von einer neuen Form einer effektiven Organisation von großen Veranstaltungen gehört und wollte diese ausprobieren.

Diese Veranstaltungsform nennt sich „Large Scale Event" und ermöglicht, dass relativ große Gruppen an bestimmten Themen erfolgreich arbeiten können. Bei dieser Veranstaltung wurden wir unterstützt von Roland Loop einem Berater von Dannemiller & Tyson Associates.

Ein Subteam (ein Abbild der geplanten großen Gruppe) wurde ausgewählt, um die große Veranstaltung im Detail zu planen. Ich hatte das Thema vorgegeben und gleichzeitig mitgegeben, dass ich diese Veranstaltung nutzen wollte, um eine höhere Beteiligung der Mitarbeiter bei der Entwicklung der Organisation zu ermöglichen.

Was dann passierte, überraschte mich und erfreute mich zugleich. Das Subteam änderte die Aufgabenstellung von „Lernende Organisation" in „Wie müssen die Rahmenbedingungen aussehen, damit Mitarbeiter sich mehr unternehmerisch verhalten können?". Das Subteam war der Meinung, dass dieses Thema wesentlich wichtiger war als das von mir vorgebene. Es war geplant, dass etwa 250 Mitarbeiter an dieser Veranstaltung teilnehmen sollten, alle Vorgesetzten aus diesem Bereich und aus jedem Team zwei Mitarbeiter, einer ausgewählt von dem jeweiligen Manager und einer ausgewählt vom Team. Die Mitarbeiter kamen aus insgesamt 14 unterschiedlichen Orten. Die Veranstaltung wurde für einen Freitag und Samstag geplant. Ich hatte bewusst auch den Samstag mit einbezogen, um zu sehen, wie hoch die Bereitschaft war, sich dort einzubringen. Wir hatten eine nahezu 100-prozentige Beteiligung.

Am ersten Tag wurden alle Teilnehmer auf einen etwa gleichen Stand über die Situation des Bereiches und die existierenden Herausforderungen gebracht. Dann war geplant, dass in so genannten Max/Mix-Gruppen von jeweils acht Mitarbeitern Projekte identifiziert werden sollten, die entweder zum Wachstum des Bereichs oder zu höherer Produktivität führen sollten. Auf diese Art wurden 90 Projekte identifiziert. Zu meiner Freude war jedes dieser Projekte sinnvoll und hatte einen seriösen Hintergrund.

Diesen Stand hatten wir am ersten Abend erreicht. Um den zweiten Tag möglichst effizient zu gestalten, hatten dann das Subteam und das Managementteam entschieden, die Anzahl der Projekte auf 30 zu reduzieren, um den zweiten Tag möglichst effizient zu gestalten. Nach der Planung gegen 21 Uhr stießen wir dann zu dem Gesamtteam, die gerade beim Dessert saßen. Es wurde bekannt, wie wir den zweiten Tag geplant hatten. Sofort regte sich Widerstand gegen die Planung, und es wurde deutlich, dass die Mitarbeiter es nicht akzeptierten, dass die Auswahl nun von einer kleinen Gruppe getroffen wurde, ohne dass dies so abgesprochen war. Sie erinnerten uns – insbesondere mich daran – dass ich versprochen hatte, loszulassen und dass die Auswahl der Projekte Sache des gesamten Teams sein sollte. Zusammengefasst war die Meinung der Mitarbeiter: „Wenn das jetzt vom Managementteam vorweggenommen wird, dann ist das nicht mehr unsere Entscheidung, und der hohe Level an Motivation, den wir haben, wird mutwillig zerstört." Auch mein Einwand, dass wir dann den zweiten Tag neu planen müssten und dies noch einmal erheblich Zeit in Anspruch nehmen würde, konnte die Gemüter nicht beruhigen. Nach einer lebhaften Diskussion ließ ich mich überzeugen und wir planten den zweiten Tag neu. Mir war klar geworden, dass wir als Managementteam wieder in das alte Muster zurückgefallen waren und Entscheidungen getroffen hatten, die so nicht nötig waren. Und dies passiert im Normalbetrieb sehr häufig. Der Unterschied ist, dass die Mitarbeiter im Normalbetrieb nicht aufmucken. Sie nehmen die Entscheidungen hin, aber die Frustration ist die gleiche. Auf Dauer führt dies dann zu einer anhaltenden Demotivation.

Am nächsten Morgen dankte ich als Erstes den Mitarbeitern, die den geplanten Prozess nicht akzeptiert, sondern massiv darauf gedrungen hatten, den für den zweiten Tag geplanten Prozess zu ändern. Ich ermutigte sie darüber hinaus, sich auch im realen Leben nicht einfach mit der vom Management geschaffenen Situation abzufinden und, gute Argumente vorausgesetzt, ihre Bedenken und Vorschläge auch offensiv anzusprechen.

Als Erstes wählten wir 15 aus den 90 vorgeschlagenen Projekten in einem transparenten Prozess aus. Es wurden nur Projekte akzeptiert, bei denen das Projektziel klar definiert war, der „Return", sei es finanziell oder qualitativ, definiert war und für die entweder eine Person oder ein Bereich die Verantwortung für das Projekt übernommen hatte. Interessanterweise waren alle 15 Projekte unter den 30 Projekten, die das Management ausgewählt hatte. Natürlich gab es auch Stimmen im Management, die sagten, dann hätten wir uns die Übung auch sparen können, denn das Ergebnis wäre ja doch identisch gewesen. Was diese Kollegen nicht verstanden hatten, war welche Folgen die Form der Auswahl beziehungsweise der Entscheidung auf die Motivation der Mitarbeiter hat. Der Unterschied ist enorm und wird in aller Regel unterschätzt. Von den 15 Projekten wurden acht während der Veranstaltung entschieden. Die anderen Projekte bedurften noch weiterer Untersuchungen und wurden dann aber auch innerhalb der nächsten vier Wochen entschieden. Die Energie im Raum und die Motivation aller Beteiligten war unglaublich. So boten zwei Manager während der Veranstaltung an, je ein Projekt zu übernehmen und ihre Managementfunktion niederzulegen.

Viele Mitarbeiter arbeiteten nach Abschluss der Veranstaltung an einem Samstagabend weiter an den Projekten, obwohl alle noch weite Heimwege vor sich hatten. Am Montagmorgen hatte ich wiederum Mails über konkrete Projektpläne von anderen, die diese über das Wochenende weiter verfeinert hatten. Dieses hohe Engagement und diese hohe Motivation waren faszinierend und hatten die ganze Organisation angesteckt.

Während dieser Veranstaltung hatten wir entschieden, dass einzelne Mitarbeiter und/oder Teams Projekte und Initiativen, die sich innerhalb des Geschäftsjahres amortisieren, ohne Genehmigung des Managements durchführen konnten. Eine Voraussetzung war, dass die Realisierung dieser Vorhaben keinen direkten oder indirekten negativen Einfluss auf irgendeinen anderen Teil der Organisation haben durfte. Hierzu war natürlich eine gewisse Koordination notwendig, die aber keine größeren Schwierigkeiten machte. Es war eine erstaunliche Erfahrung, wie viele Projekte eine sehr kurze Amortisationszeit hatten und wie verantwortlich die Mitarbeiter mit diesem Freiraum umgingen. Wir konnten innerhalb von Wochen Projekte realisieren, die seit Jahren in der Luft hingen.

Am Ende der zwei Tage machten wir eine kurze Umfrage, welche Erfahrung die Teilnehmer gemacht hatten und wie sie die Veranstaltung beurteilten. Das Feedback war überwältigend positiv. Das Feedback zu einer Frage war besonders interessant: Mehr als 80 Prozent der Mitarbeiter wünschten, dass sie sich in Zukunft noch mehr unternehmerisch betätigen könnten. Sie wünschten sich insbesondere mehr betriebswirtschaftliche Grundkenntnisse. Wir boten daraufhin allen Interessierten ein entsprechendes Seminar an. Weiterhin erklärten sich alle Mitglieder meines Managementteams bereit, als Coach für einzelne Mitarbeiter zu fungieren und als Sponsor für einzelne Projekte aufzutreten.

Es ist sicherlich nicht so, dass sich jetzt alle Mitarbeiter unternehmerisch verhalten, aber wir haben einen großen Schritt in diese Richtung gemacht. Die gesamte Organisation steht einem unternehmerischen Verhalten wesentlich positiver gegenüber, was sich zum Beispiel auch in einer größeren Bereitschaft ausdrückt, notwendige Veränderungen mitzutragen. Es gibt jetzt mehr Mitarbeiter, die die Initiative ergreifen und mit neuen Ideen und Projekten aufwarten. Ich musste allerdings auch feststellen, dass dies leider kein Selbstläufer ist. Abhängig von der Einstellung und dem Verhalten des jeweiligen Managements wird dies mehr oder weniger praktiziert.

3.7 Ziele/Messsysteme („Measures")

In sich konsistente Ziele und ein entsprechender Rahmen sind elementar, damit die Organisation sich in die gewünschte Richtung entwickelt. Meistens sind die Ziele an der Spitze des Unternehmens relativ gut definiert. In vielen Unternehmen werden diese Ziele dann auf Unterziele in den einzelnen Bereichen herunter gebrochen. Dies gilt jedoch nicht immer für alle Bereiche und sehr oft sind die Unterziele nicht kongruent zur Erreichung der übergeordneten Ziele. Hier gibt es sehr oft Lücken und aber auch Widersprüche. Oft werden auch keine Ziele mehr definiert, sondern nur noch Implementationsschritte, bei denen im Detail festgelegt wurde, was wie zu tun ist. Dies wird sehr oft mit der Notwendigkeit begründet, den Freiraum einzuschränken, um Konsistenz herzustellen und mit dem Wunsch nach schnellerer Umsetzung. Die Frage ist, ob man mit dieser Vorgehensweise die gewünschten Ergebnisse erzielt, denn:

- Wie bereits im Kapitel 3.4 ausgeführt, führt eine detaillierte Vorgabe von Zielen oder noch schlimmer von einzelnen Implementationsschritten zu erheblicher Demotivation und

- die Entscheidung kann zwar schneller getroffen werden und die Implementationspläne stehen schneller auf dem Papier, aber die wirkliche Implementation, auf die es letztlich ankommt, ist in aller Regel sogar wesentlich langsamer, weil eine solche Vorgehensweise zwangsläufig Widerstände hervorruft.

Wie General George Patton ausführte: „Sage Menschen nie, wie sie Dinge tun sollen. Sag ihnen, was zu tun ist, und sie werden dich mit ihrem Einfallsreichtum überraschen." Ist es nicht erstaunlich, dass es sich selbst im Militär herumgesprochen hat, was der bessere Führungsstil ist? Leider wird dies heute in den meisten Unternehmen immer noch nicht verstanden, stattdessen wird von vielen Managern das Befehls- und Kontrollsystem nach wie vor bevorzugt. Wir müssen allerdings in der freien Wirtschaft noch einen Schritt weitergehen und bei den Zielen zu einer Zielvereinbarung zwischen Vorgesetztem und Mitarbeiter kommen, was sicherlich im Militär nicht möglich ist.

Wir müssen das gewünschte Ergebnis, das *Was* definieren und gemeinsam zwischen Vorgesetztem und Mitarbeiter vereinbaren. Wir müssen die Hintergründe aufzeigen, das *Warum* und *Wofür*. Die einzelnen Implementationsschritte, *Wie* Dinge zu tun sind, sollten wir in das Ermessen der Mitarbeiter stellen.

Auch wenn es nicht leicht ist, Ziele über alle Ebenen und die dazu gehörenden Ergebnisgrößen (Measures) herunterzubrechen und Kongruenz der Unterziele zu erreichen, lohnt sich der Aufwand dafür. Was wir heute erleben, ist, dass in den meisten Organisationen die Ziele des Unternehmens und die spezifischen Ziele auf Bereichsebene bei den einzelnen Mitarbeitern, wenn überhaupt, nur rudimentär vorhanden sind, was eine Identifikation mit diesen Zielen geradezu ausschließt.

Die höchste Form der Identifikation ist erreichbar, wenn die Mitarbeiter die Ziele für sich selbst und für die Organisation entwickeln und definieren können. Dies setzt voraus, dass sie über die notwendigen Informationen verfügen und die Rahmenbedingungen kennen. Wenn Mitarbeiter ihre eigenen Ziele definieren können oder zumindest daran aktiv mitwirken können, dann fühlen sie sich auch diesen Zielen am stärksten verpflichtet.

Es wird immer wieder argumentiert, dass Mitarbeiter die eigenen Ziele zu niedrig ansetzen. Meine Erfahrung ist das nicht. Wenn wir Mitarbeitern in einem offenen und fairen Umgang die Möglichkeit zur eigenen Zielsetzung geben, dann definieren nach meiner Erfahrung mehr als 90 Prozent der Mitarbeiter für sich selbst zumindest die gleichen beziehungsweise sehr ähnliche Ziele wie das Management. Voraussetzung dafür ist natürlich, dass sie über die gleichen Informationen verfügen wie das Management.

Wenn die Ziele von den Mitarbeitern selbst entwickelt werden beziehungsweise die Mitarbeiter in den Entwicklungsprozess mit einbezogen sind, dann sind diese Ziele in aller Regel auch realistischer, in Bezug auf ihre Machbarkeit.

Um die Herausforderung noch etwas klarer zu machen, möchte ich auf die Zielsetzung für Vertriebsleute eingehen. Hier existiert die Meinung, dass man Vertriebsleuten einfach immer höhere Ziele setzen muss, da gute Vertriebsleute immer versuchen, eine weniger hohe Vorgabe zu bekommen. Aber wie läuft ein solcher Prozess ab? Wenn ein Vertriebsmitarbeiter sich selbst ein hohes aber realistisches Ziel setzt, sagen wir zehn Prozent Wachstum im nächsten Jahr, dann passiert zumeist Folgendes. Als Dank für eine faire Einschätzung der Situation gibt ihm das Management ein wesentlich höheres Ziel vor, so um die 15 Prozent. Der Mitarbeiter leitet daraus ab, dass man ihm nicht vertraut und dass er bei der nächsten Planung besser statt eines realistischen ein niedrigeres Ziel abgibt, da dieses dann vom Management ja sowieso erhöht wird. Die Frage ist jetzt nur, wer hat dieses „Pokern" zu verantworten, der Manager oder der Mitarbeiter? Ich glaube, die Antwort ist klar. Es ist auch klar, dass jede Organisation ein Gedächtnis hat und es einige Zeit braucht, um zu einer Zielvereinbarung nach MbO zu kommen, wenn es vorher eine direktive Vorgabe der Ziele gab. Wenn nun ein neuer Manager ein solches Team übernimmt und dann mit einer solchen „ Pokersituation" konfrontiert wird, dann leitet er daraus leider ab, dass seine Leute mauern, und er verhält sich entsprechend. Wir können das nur durchbrechen, wenn wir von einem kooperativen Führungsstil überzeugt und bereit sind, dem Einzelnen beziehungsweise der Organisation die Chance und die Zeit geben, sich auf die neue Führungskultur einzustellen.

Bei einem kooperativen Führungsstil nach MbO, das auf Vertrauen und Respekt aufbaut, muss es allerdings auch Konsequenzen haben, wenn die gemeinsam vereinbarten Ziele nicht erreicht werden. Bei der ersten Abweichung ist es wichtig, dass der Mitarbeiter ein klares und bestimmtes Coaching erfährt. Falls mehrere Male die Ziele nicht erreicht werden und/oder wenn es keine offene und vertrauensvolle Kommunikation gibt, zum Beispiel kein rechtzeitiges Warnen, dass die Zielerreichung in Gefahr ist, dann muss der Mitarbeiter ersetzt werden. (Siehe hierzu auch Kapitel 3.9.)

Mitarbeiterumfragen bei HP haben über Jahre die größte Schwäche beim nicht konsequenten Management von nicht ausreichender Leistung gesehen. Die Mitarbeiter waren sehr unzufrieden mit der Situation, dass schlechte Leistung beziehungsweise unakzeptables Verhalten zu lange vom Management toleriert wurde und notwendige Konsequenzen nicht oder zu spät gezogen wurden. Es sind also nicht die Mitarbeiter, die Schwierigkeiten mit einem konsequenten Management haben, vorausgesetzt es ist fair und transparent.

In der folgenden Abbildung 22 sind potenzielle Ziele und die dazugehörenden „Measures" aufgelistet, die in den meisten Unternehmen in irgendeiner Form von Relevanz sind.

Messgrößen für Unternehmen

– you get what you measure –

- neben finanziellen Zahlen (Umsatz, Profit, Wachstum)
- Marktanteile
- Wettbewerbsfähigkeit
- Kundenzufriedenheit und Kundenloyalität
- Moral der Mitarbeiter
  - Vertrauen und Glaubwürdigkeit des Managements
  - Teamwork
  - Mitarbeiterentwicklung
- Attraktivität als Arbeitgeber
- Innovation
- Qualität, Fehlerraten
- Produktivität
- Kosten von Ineffektivität
- ROA, ROC „Return of assets", „Return of capital"

Abbildung 22

Neben den finanziellen Zielen ist es notwendig, ein klares Bild der eigenen Marktposition und des Wettbewerbs zu haben. Neben einem ausgefeilten System zur Erfassung der Kundensituation ist es ähnlich wichtig zu verstehen, wie es um die Zufriedenheit und Moral der Mitarbeiter steht, wie es um das Image des Unternehmens im Markt bestellt ist und welche Attraktivität das Unternehmen als Arbeitgeber sowohl für die bereits vorhandenen als auch für potenzielle neue Mitarbeiter hat. Also zum Beispiel welches Image hat das Unternehmen bei den Studenten der relevanten Universitäten. Daneben sind Maßzahlen wichtig, um die Leistungsfähigkeit der Organisation zu messen, wie zum Beispiel Produktivität, Innovation, Qualität, Kosten von Ineffizienz usw. und einige Werte, die einen Vergleich zu anderen Unternehmen leicht zulassen.

Genauso wichtig wie die Definition der richtigen Ziele ist es, die dazu passenden „Measures" zu entwickeln. Es ist gemeinsames Verständnis, dass Mitarbeiter sich so verhalten, wie sie gemessen werden. Diese „Measures" zu entwickeln ist nicht immer ganz einfach. Dies gilt insbesondere, wenn man unterscheidet, was sind individuelle und was sind Team „Measures". Es ist leider so, dass viel zu oft Ziele und „Measures" nicht zusammenpassen. Dies führt zu der Situation, dass auf Grund der nicht passenden Measures ein Verhalten entwickelt wird, das die Zielerreichung nicht unterstützt. In der Folge werden dann neue „Measures" eingeführt, um die Schwächen des ursprünglichen „Measures" zu kompensieren. Dies verschlechtert die Situation oftmals noch, insbesondere dann, wenn an die „Measures" individuelle finanzielle Anreize verknüpft sind.

Die „Measures" müssen also zu den Zielen passen, zum Beispiel wenn jemand ein Profitziel hat, dann sollte er auch am Profit gemessen werden und nicht an einzelnen Kostenelementen. Falls es einen Bedarf gibt, Kostenziele zu erreichen, dann sollten auch Kostenziele vereinbart werden und dann passende Kosten-„Measures" definiert werden.

Grundsätzlich gilt, je weniger Ziele und Measures, um so besser. Wichtig ist, dass die Mitarbeiter die volle Verantwortung für die Erreichung der Ziele übernehmen. Die Ergebnisse müssen regelmäßig überprüft werden. Dafür bieten sich die folgenden Methoden an:

Für die üblichen Businessziele empfehle ich die Anwendung der so genannten „Business Fundamentals" um die Ergebnisse in einem standardisierten Format zu berichten und das Business zu kontrollieren. Das Berichtswesen ist so aufgesetzt, dass es tägliche (zum Beispiel Umsatz) und/oder monatliche (zum Beispiel Profit) Berichte gibt, aber nur insoweit als die Berichte automatisch erzeugt werden können. Manuelles Berichtswesen sollte auf ein Minimum beschränkt werden. Die Ergebnisse werden in so genannten Ampelcharts dargestellt. Für jedes „Measure" werden drei Grenzwerte definiert, die dann zu folgender Darstellung führen:

Grün → alles ist in Ordnung
keine Aktion notwendig

Gelb → muss beobachtet werden
Kommentar notwendig, wenn Grenzwerte mehrmals hintereinander erreicht werden, dann auch Information an nächst höhere Managementebene

Rot → Maßnahmen zur Korrektur notwendig
Bericht und Maßnahmenkatalog an nächst höhere Managementebene
Die nächst höhere Managementebene kann dann auch tiefergehende Details verlangen zum Beispiel wenn das Profitziel nicht erreicht wird, dann auch Informationen über einzelne Kosten zu erhalten.

Wenn alle Business Fundamentals grün sind, dann wird das höhere Management nicht weiter einbezogen. Der Prozess des Berichtswesen geht von unten nach oben. Die Konsolidierung der „Measures" muss sicherstellen, dass die Ziele auf der nächsten Managementebene erreicht werden. Dort wird dann wieder ein Berichtsprozess aufgesetzt wie vor beschrieben.

Spezifische Ziele, die nicht zu den Standardzielen (Business Fundamentals) gehören, werden in einem gesonderten Format geplant und berichtet. Bei HP wurden diese Ziele „Durchbruchziele" („Hoshins") genannt. Diese Ziele müssen in aller Regel durch projekttypische Arbeit adressiert werden. Sie verfolgen das Ziel, für ganz konkrete Themen einen Durchbruch zu erzielen, was immer größere Veränderungen beinhaltet. Wenn keine außergewöhnliche Situation vorliegt, sollten nicht mehr als zwei bis maximal drei Durchbruchziele pro Organisation pro Jahr definiert sein. Es kann auch sein, dass anspruchsvolle Durchbruchziele mehr als ein Jahr für die Umsetzung brauchen. Wenn man unterstellt, dass jede Managementebene nun zwei bis drei Durchbruchziele definiert und diese Ziele sind nicht gut aufeinander abgestimmt, dann kann dies zu > 20 Durchbruchzielen auf der Arbeitsebene führen, was natürlich keine Chance auf Umsetzung hat. Es ist deshalb entscheidend, dass die Durchbruchziele gut koordiniert und aufeinander abgestimmt sind und dass man sich bei der Auswahl der Durchbruchziele stark beschränkt.

Durchbruchziele haben ein unterschiedliches Review-Format. Ein Review erfolgt in der Regel im Rhythmus von drei Monaten. Die Ergebnisse werden auf eigens dafür angesetzten Besprechungen im Detail besprochen, insbesondere Abweichungen vom Plan und gegebenenfalls notwendige Korrekturmaßnahmen. Diese Vorgehensweise unterstützt auch sehr stark die Entwicklung einer lernenden Organisation (siehe hierzu auch Kapitel 5.4).

Sehr oft wird argumentiert, dass dieser Prozess zu viel Zeit in Anspruch nimmt und dass man die Planung und Umsetzung auf wenige Leute beschränken sollte. Der Rest der Organisation hat dann einfach die Dinge auszuführen, die einige Wenige sich ausgedacht haben. Da solche Vorhaben dann auch meistens gut definiert und sehr gut dokumentiert sind, unterstellt das Management, dass das dann auch unmittelbar umgesetzt wird. Manchmal braucht es Monate, bis das Management feststellt, dass noch nicht sehr viel passiert ist. Ist es wirklich so überraschend, dass Mitarbeiter nicht besonders motiviert sind, wenn ihnen einfach etwas vorgegeben wird auf das sie keinen Einfluss haben und von dem sie nicht überzeugt sind, dass es die beste Lösung für das Problem ist? Wie oft haben sie erlebt, dass Programme mit viel Getöse angekündigt wurden. Nach ein paar Monaten wurden diese schon nicht mehr ernsthaft verfolgt und wurden dann nach kurzer Zeit durch ein neues Programm ersetzt. Hatte es Konsequenzen, wenn man nicht so engagiert zur Sache ging?

Wir müssen besser verstehen, welche Rahmenbedingungen notwendig sind, um Dinge schnell, motiviert und mit einer „winning attitude" umzusetzen. Ich bin überzeugt, dass unsere Mitarbeiter nur dann in der Lage sind, die vor uns liegenden Herausforderungen schnell und erfolgreich zu meistern, wenn sie die notwendigen Strategien und Ziele selbst entwickeln können beziehungsweise zumindest intensiv an der Entwicklung beteiligt sind.

3.8 Rahmenbedingungen für Information und Wissen

Wenn wir Mitarbeiter haben wollen, die das Beste für das Unternehmen geben wollen, dann müssen wir auch die notwendigen Informationen und das Wissen zur Verfügung stellen beziehungsweise den Mitarbeitern die Möglichkeit geben, sich diese zu erarbeiten. Wir müssen offenlegen, warum und wofür wir bestimmte Dinge tun wollen. Sie müssen über die gleichen Fakten und Rahmenbedingungen verfügen. Dies ermöglicht den Mitarbeitern zu den gleichen Schlüssen zu kommen wie das Management. Es erlaubt ihnen, ein eigenes Verständnis der Situation zu entwickeln, was sie in die Lage versetzt, die eingeschlagene Richtung zu unterstützen, sei es bei der Veränderung von Prozessen, bei der Entwicklung von neuen Produkten, der Erschließung neuer Märkte, aber auch bei Projekten zur Produktivitätssteigerungen oder bei Produktionsverlagerungen.

Je besser wir die Mitarbeiter einbinden und je besser sie in der Lage sind, die jeweilige Situation selbst zu beurteilen, um so leichter und schneller werden sie die notwendigen Veränderungen unterstützen.

Idealerweise sollten alle Mitarbeiter in einer Organisation über folgendes Wissen verfügen:

- Sinn und Zweck der Organisation
- Vision des Gesamtunternehmens
- Wertschöpfungskette
- Ziele des Gesamtunternehmens
- Anforderungen der Kunden
- Kundenstruktur, wichtigste Kunden
- jeweiligen finanzieller Status der wesentlichen Punkte (Aufträge, Umsatz, Gewinn, Wachstum, Marktanteile)
- Markttrends
- Wettbewerbssituation
- die vorgenannten Punkte mehr im Detail für den jeweiligen Bereich, in dem sie arbeiten

Es ist von außerordentlicher Wichtigkeit, dass die Perspektive des Unternehmens und die konkreten Ziele über alle Ebenen bekannt sind und dass das Wissen und die Fähigkeiten gegeben sind, diese im Interesse aller durch entsprechende Maßnahmen zu erreichen.

Darüber hinaus sollte jeder Mitarbeiter sein Spezialgebiet verstehen, inklusive der Rahmenbedingungen, in denen man sich bewegt, so muss zum Beispiel ein Vertriebsmann das Geschäft und das Geschäftsmodell seines Kunden verstehen, natürlich muss er das Produkt- und Leistungsportfolio und die Möglichkeiten seines eigenen Unternehmens kennen, er muss seine Wettbewerber und deren Strategien und Produkte kennen, er muss über ein gutes Netzwerk innerhalb und außerhalb des Unternehmens verfügen. Er muss verstehen, wie erzeugt man *Win-Win*-Situationen?

3.9 Anerkennung und Belohnung

Jeder Mitarbeiter muss verstehen, was von ihm und von der gesamten Organisation erwartet wird. Er muss verstehen, welchen Rahmen, aber auch welche Grenzen es für seinen Job gibt. Jeder Mitarbeiter braucht klares Feedback für die eigene persönliche Kalibrierung: was macht er gut und was muss verbessert werden. Am effektivsten ist dabei regelmäßiges Feedback in der jeweiligen konkreten Situation. Es wird auch von den Mitarbeitern am meisten geschätzt. Wir tendieren dazu, nur dann unmittelbares Feedback zu geben, wenn wir nicht zufrieden sind. Mindestens so wichtig ist es aber, dass wir auch unmittelbares Feedback geben, wenn die Arbeit gut gemacht wird.

Unmittelbares Loben wird von Mitarbeitern sehr geschätzt und ich glaube sogar sagen zu können, dass sie hungrig nach Lob und positiver Bestätigung sind. Natürlich sagt keiner, dass er gelobt werden möchte. Aber sind wir nicht alle, wenn es um uns selbst geht, hoch erfreut, wenn unsere Arbeit gesehen wird und entsprechende Bestätigung erfährt? Lob und Anerkennung ist sehr motivierend, stärkt das

Selbstvertrauen und stärkt die Fähigkeiten. Besonders wichtig ist, dass man Leistungen anerkennt, die über den Erwartungen hinaus erbracht werden.

So haben wir zum Beispiel bei HP einen so genannten „Customer Loyalty Award" vergeben und zwar für Leistungen von Mitarbeitern beim Kunden, die außergewöhnlich waren und die weit über das normale Maß hinaus gingen. Diese Anerkennung wird einmal im Quartal an Mitarbeiter vergeben, bei denen sich entweder der Kunde oder ein Partner von HP oder ein Kollege aus einem anderen Bereich schriftlich für deren außerordentlichen Einsatz bedankte. Diese Mitarbeiter wurden im Rahmen eines Abendessens geehrt. Der Fall wurde dokumentiert und diente dann auch als gutes Beispiel für alle anderen Kollegen.

Wichtig ist es auch, Mitarbeiter zu loben und zu ermuntern, wenn sie unter Umgehung von Vorschriften, aber mit großer Verantwortung wesentliche Beiträge für das Unternehmen erzielen konnten. Dies durfte allerdings nie persönliche Vorteile zur Konsequenz haben. Es musste immer aus der Sache begründet sein.

Neben dem spontanen Feedback ist es wichtig, dass Mitarbeiter auch auf einer regelmäßigen Basis Feedback erhalten. Die Empfehlungen gehen hier von einmal pro Quartal bis zu im Minimum einmal pro Jahr. Die Leistungsbeurteilung muss schriftlich erfolgen. Das Gespräch bedarf einer Vorbereitung sowohl auf Mitarbeiterseite als auch beim Manager. Das Mitarbeitergespräch sollte wie folgt vorbereitet werden:

Der Mitarbeiter wird gebeten:

- basierend auf der Zielvereinbarung eine Einschätzung der Zielerreichung vorzunehmen und seine Stärken und Schwächen zu beschreiben,

- aufzulisten, welche Punkte er für seinen jetzigen Job weiter verbessern will und wo er Hilfestellung benötigt und zu überlegen, welche neuen Aufgaben er in Zukunft anstrebt und welche zusätzlichen Maßnahmen notwendig wären, um ihn dafür zu qualifizieren.

Der Vorgesetzte bereitet dieses Gespräch ebenfalls vor.

Er ermittelt, wie war

- die Zielerreichung
- die Leistung
- die Kundenorientierung
- die Teamarbeit, wie stark die Unterstützung für die Kollegen und die Weitergabe von Wissen
- Kreativität und Innovation
- Veränderungsbereitschaft
- unternehmerisches Verhalten usw.
- Wird der Mitarbeiter seinen Talenten entsprechend eingesetzt?
- Was sind seine Stärken? Können diese weiter ausgebaut werden?
- Was sind seine Schwächen? Können diese Arbeiten gegebenenfalls auf andere Mitarbeiter verlagert werden?
- Welche außergewöhnlichen Leistungen werden vom Mitarbeiter erbracht?
- Wie wird der Mitarbeiter in anderen Bereichen gesehen? Wird die Zusammenarbeit mit dem Mitarbeiter gesucht?
- Hat der Mitarbeiter die Qualifikation für eine Beförderung? Welche Maßnahmen sind noch notwendig, um die notwendigen Fähigkeiten für eine Beförderung zu haben?

In einem gemeinsamen Gespräch (Dauer zwischen zwei und vier Stunden) wird dann die Leistung des Mitarbeiters besprochen, wobei es hier zu einem Abgleich zwischen der Selbsteinschätzung des Mitarbeiters und seines Vorgesetzten kommt. Die Ergebnisse werden protokolliert und die Ziele und vereinbarten Maßnahmen werden definiert.

Diesem Prozess liegt die Erwartungshaltung zu Grunde, dass der Mitarbeiter für seine Entwicklung selbst verantwortlich ist und dass das Unternehmen (der jeweilige Vorgesetzte) die Verpflichtung übernimmt, diese Entwicklung zu unterstützen.

Bei den früheren Leistungsbeurteilungen bei HP wurde davon ausgegangen, dass das Unternehmen die Verantwortung für die Entwicklung des Mitarbeiters hatte. Der Manager hat das Gespräch vorbereitet und schriftlich dokumentiert. Er hat dann seine Einschätzung der Leistung dem Mitarbeiter mitgeteilt. Die einzelnen Punkte waren ähnlich denen wie vorher beschrieben. Der Mitarbeiter konnte dann im Gespräch seine Sicht dem Vorgesetzten zur Kenntnis geben. Die Ergebnisse wurden dann auch dokumentiert und die Ziele und Maßnahmen festgehalten.

Diese Vorgehensweise führte sehr oft zu Konflikten, weil die Einschätzung durch den Mitarbeiter und die Beurteilung durch den Vorgesetzten oft nicht in Deckung zu bringen waren. Um den Konflikten aus dem Weg zu gehen, waren die Beurteilungen sehr oft zu unkritisch und oft auch zu gut. Als dann entschieden wurde, den Prozess zu verändern, gab es anfangs durchaus Widerstände, die aber schnell verschwanden, nachdem die ersten Gespräche nach dem neuen Prozess abgehalten waren. Heute gibt es eine breite Zustimmung, was in den letzten Mitarbeiterumfragen bestätigt wurde, nach denen sich 95 Prozent für ihre Entwicklung persönlich verantwortlich fühlen.

Was war passiert? Jeder Mitarbeiter hat sich zunächst über seine eigene Leistung Rechenschaft abgelegt. Wie wir alle wissen, wenn ich kritisch zu mir selbst bin, dann ist das kein Problem, wenn aber ein Dritter mir das Gleiche sagt, akzeptiere ich das nicht und wehre mich gegen die Beurteilung. Genau mit diesem Phänomen haben wir es hier zu tun. In dem alten Prozess, wo primär der Vorgesetzte seine Einschätzung der Leistung gab, gab es erhebliche Widerstände und die Gespräche verliefen sehr oft nicht in einer konstruktiven Atmosphäre. Nachdem der Prozess geändert wurde und der Mitarbeiter seine Leistung und Beiträge selbst einschätzen musste, anschließend darüber gesprochen wurde und es nur zu einem Vergleich mit der Einschätzung des Vorgesetzten kam, waren die Gespräche wesentlich konstruktiver. Der Grund dafür war, dass von wenigen Ausnahmen abgesehen, Eigenbild und Fremdbild passten. Es konnten alle Themen ohne Emotion und offen angesprochen werden. Die Gespräche waren wesentlich produktiver und führten zu einer Vertiefung des vertrauensvollen Verhältnisses zwischen Vorgesetztem und Mitarbeiter. Da wo Eigenbild und Fremdbild nicht zusammenpassen, muss das natürlich aufgearbeitet werden. Aber auch hierfür ist die Ausarbeitung des Mitarbeiters eine gute Plattform, von der man die Diskussion beginnen kann.

Ich bin persönlich kein großer Freund von individuellen finanziellen Anreizen im Gegensatz zu Anreizsystemen für ganze Teams. Das Problem mit finanziellen Anreizen ist sehr oft, dass die „Measures" nicht klar genug sind und das Ergebnis auch sehr oft einem einzelnen Mitarbeiter nicht zugeordnet werden kann. Darüber hinaus muss die Frage gestellt werden, ob die Anreizsysteme wirklich fair sind und ob sie wirklich das gewünschte Verhalten hervorrufen. Anreizsysteme für Einzelne führen in aller Regel zu erheblichen Problemen bei der Teamarbeit und fördern Egoismen des Einzelnen. Weiterhin führen finanzielle Anreizsysteme auch zu vielen unproduktiven Diskussionen. Für ganze Teams dagegen, denen die Leistung eindeutig und ausschließlich zuzuordnen ist, können Anreizsysteme sehr sinnvoll sein und ein gewünschtes Verhalten unterstützen. Dies wird dann auch von den Betroffenen als Belohnung empfunden.

Nach meiner Erfahrung brauchen Mitarbeiter, die hoch motiviert und engagiert sind und Topleistungen bringen, keine finanziellen Anreize. Sie wollen positive Beiträge bringen und möchten, dass sie selbst, ihr Bereich und das Unternehmen erfolgreich sind. Natürlich erwarten auch sie ihren fairen Beitrag am Erfolg des Unternehmens. Wenn allerdings Einzelne oder einzelne Gruppen bevorzugt werden, dann entsteht auch hier Unzufriedenheit und Demotivation.

3.10 Risikomanagement

Geschäftserfolg ist ohne Risiken heute nicht möglich und die Risiken nehmen zu. Wegen der sich ständig ändernden Marktbedingungen und Technologien sind die Bedingungen zunehmend instabil. Wegen der hohen Veränderungsgeschwindigkeit müssen Entscheidungen sehr oft getroffen werden, ohne dass alle Fakten bekannt sind. Auf der anderen Seite gibt es Mitarbeiter und Manager, die versuchen, auf Nummer sicher zu gehen, und die dann mit ihrer Analysearbeit nicht fertig werden. Entscheidungen werden nicht getroffen und die Chancen sind vorbei bevor sie genutzt werden können.

Wenn man im Wettbewerb bestehen will, dann geht dies nur, wenn man innovativ ist, wenn man die Chancen und Gelegenheiten wahrnimmt, auch wenn man nicht alle Fakten kennt. Dies bedeutet, dass man Risiken eingehen muss und Fehler nicht ganz ausschließen kann. Der Versuch, Risiken gänzlich auszuschließen, reduziert die Überlebenschance von Unternehmen erheblich. Die Herausforderung besteht also darin, die Risiken zu managen. Das Managen von Risiken hat mehrere Elemente:

- Was sind die potenziellen Risiken?
- Was sind die möglichen Auswirkungen und wie hoch ist die Wahrscheinlichkeit des Eintritts?
- Wer sind die Mitarbeiter, die mit den Risiken umgehen sollen?
- Wie werden die Risiken operational gehandhabt?
- Nach welchen Kriterien beurteilen die Mitarbeiter das Risikopotenzial?
- Wie vertrauenswürdig sind die Informationen?

Welche Risiken gehen von den beteiligten Mitarbeitern aus?

- Wie hoch ist die Kompetenz der Mitarbeiter?
- Wie verlässlich sind die Mitarbeiter?
- Kann man den Mitarbeitern vertrauen?
- Wie gut ist deren Beurteilungsvermögen?
- Hat der Mitarbeiter persönliche Interessen in der Angelegenheit? Ist er gegebenenfalls befangen?

Wir müssen damit leben, dass es in der Welt von heute sehr unwahrscheinlich ist, dass wir alle Fakten haben und uns alle relevanten Kriterien vorliegen. Darüber hinaus verändern sich diese auch noch über die Zeit. Da es keine wirklichen Fixpunkte gibt, ist es umso wichtiger, dass die Mitarbeiter über ein Wertesystem verfügen, auf das sie ihre Beurteilungen und Entscheidungen basieren können und die auch eine gewisse Orientierung geben.

Eine der wichtigsten Fragen ist, was müssen wir tun, damit Risiken nicht unter den Teppich gekehrt werden, sondern offen angesprochen werden?

Das Management muss zunächst eingestehen, dass es Risiken gibt. Wir müssen Rahmenbedingungen schaffen, dass Mitarbeiter offen und ohne Angst ihre Gedanken und Bedenken formulieren können. Wir wissen alle, dass in den meisten Organisationen diese Leute, die so genannten Bedenkenträger, nicht gerne gesehen werden. Wir alle kennen den Spruch „Don't shoot the messenger". Aber genau das passiert in den meisten Unternehmen. Einige Manager möchten Probleme, die potenziell in einem Vorhaben existieren, nicht vorab diskutieren, weil man sich ja dann mit in die Verantwortung begibt. Falls nachher die Dinge nicht so laufen, wie sie sollten, ist es einfacher, sich davon zu distanzieren und einen Schuldigen zu finden.

Eine weitere Aussage passt in dieses Schema, „komm mir nicht mit Problemen, ich will nur Lösungen hören". Auch wenn sich das gut anhört und sicherlich auch in der Konsequenz richtig ist, die Probleme müssen auf den Tisch, sie müssen erkannt sein, um sie lösen zu können. Das Verdrängen von Problemen führt zu einem Verhalten, welches versucht, jedes Risiko auszuschließen.

Dies gilt im Übrigen auch für die großen weltpolitischen Themen. Peter Schwartz, der bekannte Zukunftsforscher, stellt fest, dass die größten Risiken darin bestehen, dass selbst die sich klar abzeichnenden Risiken verneint und abgelehnt werden. In seinem Buch „Inevitable Surprises" zeigt er Szenarien auf, die weder von der Politik noch von der Wirtschaft ausreichende Berücksichtigung finden, obwohl die Anzeichen eine unübersehbare deutliche Sprache sprechen.

Die Probleme werden nicht angesprochen, jeder geht auf Tauchstation und versucht, nur ja keine Angriffsfläche zu bieten um nicht Schuld zu sein. Wenn man viele große Projekte der letzten Zeit analysiert, die so einige Schwierigkeiten hatten, dann findet man überall die hier aufgezeigten Muster.

Wenn man Marktchancen nutzen und eine führende Marktposition einnehmen will, dann müssen wir aber mit Risiken offen umgehen. Wir brauchen eine Kultur, in der sich Management und Mitarbeiter aufeinander verlassen können, in der man vertrauensvoll miteinander umgeht. Risiken müssen ohne Angst offen angesprochen werden können, auch dann, wenn man noch keine Lösung hat und zwar nicht nur für den eigenen Verantwortungsbereich, sondern auch für andere Bereiche. Dies allerdings nur dann, wenn es im Interesse des Ganzen passiert und nicht zur eigenen Profilierung.

Neben diesen mehr weichen Faktoren ist es natürlich auch wichtig zu verstehen, wie man aus operationaler Sicht mit Risiken umgeht. Welche Schritte müssen durchlaufen werden?

- Alle potenziellen Risiken identifizieren und auflisten
- Beurteilung der Risiken mit möglichen Auswirkungen und der Wahrscheinlichkeit des Eintritts
- Welche Risiken sind nicht beeinflussbar und welche können beeinflusst werden?
- Clustern der Risiken und Zuordnung zu bestimmten Verantwortungsbereichen
- Managen der Risiken
- Überwachung der Risiken über die Zeit
- Maßnahmen zur Korrektur, falls nötig

In Abbildung 23 sind beispielhaft einige Risikoarten aufgeführt, die beachtet werden sollten.

Risikoarten (Beispiele)

Finanzielle Risiken
- Insolvenz (Kunde, Lieferanten)
- Wechselkurs
- falsche Zahlen
- fehlerhafte Kalkulation
- Kostenentwicklung bei Lieferanten

Bedingungen verändern sich
- Globalisierung
- Wettbewerb (Technologie, Preis, TTM)
- Gesetze ändern sich
- Technologien ändern sich
- Wetter, lima
- Politische Rahmenbedingungen
- Altersstruktur

Operationale Risiken
- Engpässe bei Lieferanten
- Systeme funktionieren nicht
- Prozesse funktionieren nicht
- Probleme mit der „Supply chain"
- Unter- und Überkapazitäten
- keine wettbewerbsfähigen Maschinen und Werkzeuge

Projekt-Risiken
- falsche Annahmen
- falsche Kalkulation (zu optimistisch)
- zu optimistische Pläne
- keine fähigen Mitarbeiter
- nicht ausreichende Kapazität
- schwaches Projektmanagement
- schlechte oder keine Teamarbeit
- Kunde ist nicht kooperativ

Abbildung 23

100

Für eine konkrete Situation müssen alle Risiken in den verschiedenen Bereichen systematisch erfasst werden.

Ein Risikobereich soll hier etwas vertieft werden, da dieser aus meiner Sicht doch sehr oft vernachlässigt wird: Die Risiken, die sich aus der Kompetenz insbesondere aus dem Verhalten der mit der Sache betrauten Mitarbeiter ergeben.

Mitarbeiterbezogene Risiken

- nicht genug Wissen, Skills
- nicht genug Erfahrung
- keine Motivation
- keine echte Teamarbeit
- keine Loyalität
- keine echte Übernahme von Verantwortung
- falsche Anreizsysteme
- Kommunikationsprobleme
- nicht richtiges Verstehen und falsche Wahrnehmung
- interner Wettbewerb
- zu optimistische Sicht
- Risiken werden abgelehnt
- offene Risikoanalyse wird vom Management nicht unterstützt
- Mitarbeiter haben Angst, Probleme offen anzusprechen und Fehler zu machen
- keine Offenheit und kein Vertrauen

Abbildung 24

Diese Risiken sind nicht einfach zu identifizieren und sie verlangen gute Menschenkenntnis und ein gutes Beurteilungsvermögen.

Nachdem alle Risiken identifiziert und aufgelistet sind, werden sie in eine 4 x 4 Matrix eingetragen. Wenn man hier eine höhere Genauigkeit erreichen will, kann man natürlich die Matrix erweitern, was allerdings in der Regel nicht zu besseren Ergebnissen führt.

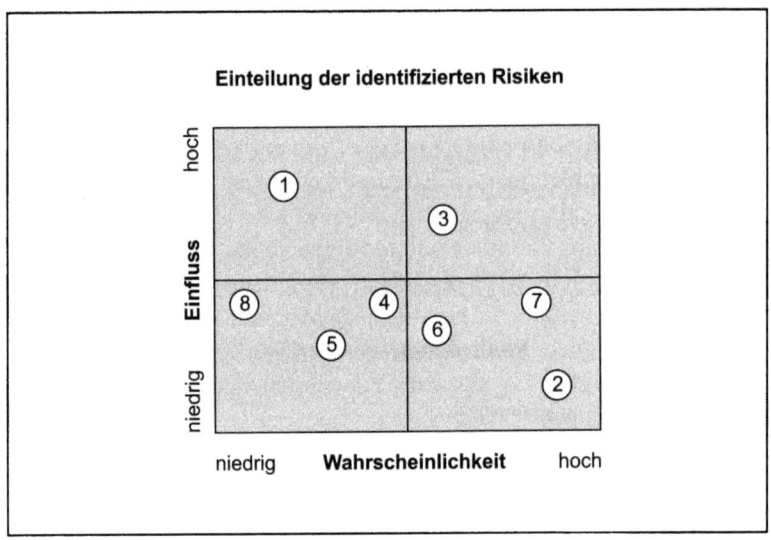

Abbildung 25

Je nachdem in welches Feld die einzelnen Risiken positioniert werden, sind dann die in Abbildung 26 aufgezeigten Maßnahmen beziehungsweise Aktionen zu ergreifen.

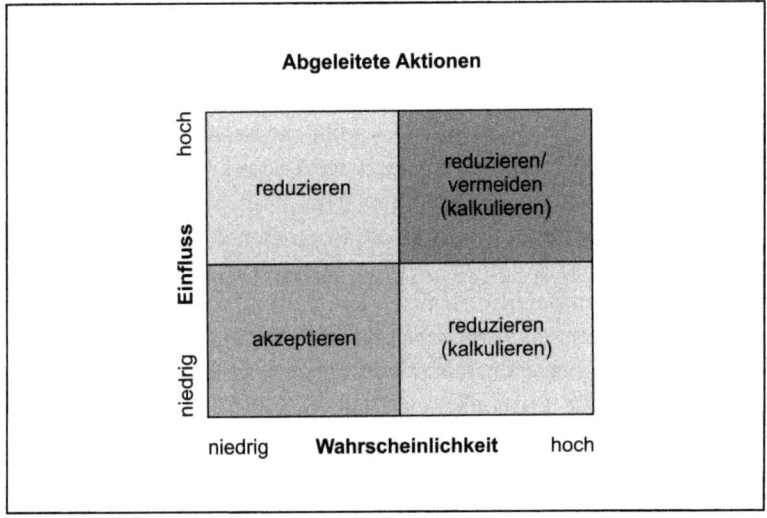

Abbildung 26

Alle Risiken in der Matrix links unten können vernachlässigt werden. Risiken oben links und unten rechts sollten durch entsprechende Maßnahmen möglichst reduziert werden. Falls dies nicht möglich ist, müssen Maßnahmen definiert werden, was im Falle des Eintritts zu tun ist. Die entsprechenden Kosten und Terminauswirkungen müssen gegebenenfalls kalkuliert werden. Alle Risiken oben rechts, die eine hohe Eintrittswahrscheinlichkeit und einen hohen Einfluss (zum Beispiel hohe finanzielle Risiken) haben, müssen untersucht und im Detail verstanden werden. Sie müssen nach Möglichkeit ausgeschlossen oder durch geeignete Maßnahmen reduziert werden. Wenn dies nicht ausreichend möglich ist, müssen sie entsprechend kalkuliert werden. Eventuell muss auch von einer Umsetzung der gesamten Maßnahme abgesehen werden. Die Risiken nicht zur Kenntnis zu nehmen oder zu hoffen, dass es schon gut gehen wird, ist ein sicheres Rezept für große Probleme.

Risikomanagement erfordert ein professionelles Vorgehen mit einem klar strukturierten Prozess, aber insbesondere auch einem Verständnis für die Notwendigkeit einer sehr großen Transparenz. Manager, die daran interessiert sind, dass Mitarbeiter sich entsprechend verhalten, können dies nur erreichen, in dem sie Rahmenbedingungen mit hohem Vertrauen, Respekt, hoher Integrität und Transparenz schaffen. Dies setzt Manager mit einem positiven Menschenbild voraus, die überzeugt sind, dass die Mitarbeiter konstruktiv und fair mit dem Unternehmen umgehen wollen, ohne zu vergessen, dass es natürlich Ausnahmen von der Regel gibt. Das heißt, die Kontrolle muss auf diese Ausnahmen ausgerichtet sein und die Auswirkungen auf alle Mitarbeiter muss auf ein notwendiges Minimum beschränkt werden. Wenn irgend möglich, sollten diese Kontrollmaßnahmen durch die Betroffenen selbst festgelegt werden. Diese werden dann wesentlich leichter von allen Beteiligten akzeptiert und sind wirksamer, als wenn sie vom Management vorgegeben werden. Bei einer hohen Transparenz aller Vorgänge ist die inhärente Kontrolle im Team wesentlich effektiver als durch von außen aufgesetzte Kontrolle. Die etablierten Kontrollmechanismen sollten regelmäßig auf ihre Wirksamkeit überprüft werden, zunächst durch einen Audit der Beteiligten selbst. Bei Vorhaben mit langer Laufzeit, wo sich vielleicht Beziehungs- und Abhängigkeitsverhältnisse entwickeln können, sollte im Einvernehmen mit den Betroffenen gleich zu Beginn des Projektes gegebenenfalls ein regelmäßiger Audit durch Externe vereinbart werden. Ein Audit durch Externe wird in der Regel positiver aufgenommen als eine Kontrolle durch das Management.

Motivierte und loyale Mitarbeiter in einem Unternehmen mit hoher Vertrauenskultur und hoher Transparenz sind der effektivste Kontrollmechanismus, um sicherzustellen, damit Risiken bestmöglich gemanagt werden.

4. Organisationsplanung

In diesem Kapitel möchte ich die Summe meiner Erfahrungen wiedergeben. Die Themen, die ich hier anspreche, sind im Kontext dieses Buches zu verstehen. Sie werden also nur insoweit behandelt, als sie für die Unterstützung einer Wollenkultur von Bedeutung sind.

Die Planung und die Struktur von Organisationen ist in allen Unternehmen eine große Herausforderung, insbesondere in globalen Organisationen mit mehreren unterschiedlichen Produktbereichen und eventuell unterschiedlichen Vertriebswegen. Es gibt keine einfache und keine allein richtige Lösung.

Viele der Probleme ergeben sich, weil zu oft die interne Sicht, das interne „Powerplay" einen zu großen Einfluss auf die Strukturen hat, was es nicht leicht macht, eine hohe Akzeptanz bei den Mitarbeitern aber auch bei den Kunden und Partnern zu finden.

Mögliche Organisationskriterien		
Funktion	versus	Business
Kunden	versus	interner Sicht
Synergie	versus	Fokus
zentral	versus	dezentral
global	versus	lokal
Geografie	versus	Business
Produkt	versus	Marktsegment (Industrie)
Profit-Center	versus	Cost-Center
Direktvertrieb	versus	indirekter Vertrieb
Standardisierung	versus	Flexibilität

Abbildung 27

Was sind jetzt die wichtigsten Eigenschaften, die eine ideale Organisation haben sollte? Eine Organisation ist ein sehr komplexes System. Sie muss in der Lage sein, die vielen externen Einflüsse, wie den Markt, die Kunden, den Wettbewerb, aber auch gesetzliche Einflüsse wie zum Beispiel Regulierungsmaßnahmen zu handhaben. Sie muss auch in der Lage sein, im Konflikt stehende Ziele zu handhaben, vor die sich viele Organisationen gestellt sehen. Einige dieser möglichen Zielkonflikte sind in Abbildung 27 dargestellt.

Diese Liste könnte man um viele Punkte erweitern. Leider ist es so, dass einige dieser Punkte sich nicht ergänzen sondern sogar manchmal widersprechen. Man muss nun in der konkreten Situation entscheiden, welche der Kriterien für die Zielerreichung eine höhere Bedeutung haben. Einige Beispiele:

- soll das Business das Geschäft treiben oder soll das Business aus den Funktionen heraus getrieben werden?

- Soll die Verantwortung mehr in der Geografie oder mehr im Business liegen?

- Sollen die Bereiche als Profit- beziehungsweise als Cost-Center geführt werden?

Meine Erfahrung ist, dass man hier doch relativ häufig halbherzige Entscheidungen trifft und Konsequenzen, die eine Entscheidung eigentlich zwangsläufig nach sich ziehen müssten, nicht zur Kenntnis nimmt oder nehmen will und manchmal sogar durch eine zweite Entscheidung wieder konterkariert werden. Aber sie muss auch fertig werden mit den internen Kräften, wie den „Egos" von einzelnen Personen und den „Egos" von einzelnen Teilen der Organisation.

Es ist wichtig zu verstehen, dass jede Organisation immer nur ein Kompromiss sein kann und es *die* ideale Organisation nicht gibt. Charles Handy formuliert es folgendermaßen: „Wir müssen einen Weg finden, mit dieser Art von Widersprüchen zu leben und zu arbeiten, die Gegensätze auszugleichen anstatt zwischen den Varianten zu wählen."

Es ist von großer Bedeutung, sich darüber im Klaren zu sein, was die wichtigsten Anforderungen sind, die man an eine Organisation stellen sollte. Dies sollten dann auch die Kriterien sein, an denen man die Effektivität der Organisation misst.

Anforderungen an Organisationen

- ziel-/ergebnisorientiert
- leistungsfähig
- flexibel
- anpassungsfähig
- innovationsfähig
- starker Wille zu gewinnen
- lernfähig
- kompetent
- kundenorientiert
- teamfähig
- kommunikativ/netzwerkfähig

Abbildung 28

Wie die Abbildung 28 zeigt, gibt es viele Anforderungen, die berücksichtigt werden müssen, wenn man eine Organisation plant. Dies sind im Wesentlichen auch die Eigenschaften, wie man sie von den Mitarbeitern erwartet, die bereits in Abbildung 6 aufgezeigt wurden.

Die Fähigkeiten einer Organisation sind direkt verknüpft mit den Fähigkeiten der in der Organisation arbeitenden Menschen. Dies ist eigentlich offensichtlich. Aber ist dies auch unser Maßstab, wenn wir Organisationen entwickeln?

Neben diesen Kriterien gibt es weitere Dimensionen, die berücksichtigt werden sollten:

Die in Abbildung 29 aufgeführten Designkriterien sind zu berücksichtigen, wenn man eine sehr leistungsfähige Organisation aufbauen will.

Designkriterien für eine Organisation

Sicherstellen, dass die Organiation folgende Kriterien
ermöglicht bzw. unterstützt
- klare Zuständigkeiten, Verantwortung
- intensive Kundenbeziehung
- Erfahrungen aus Erfolg und Misserfolg
- Profitverantwortung
- Freiraum
- eigene Identität
- Eigen-Weiterentwicklung
- Veränderungsmentalität
- lernende Organisation
- Adaptionsfähigkeit
- Balance der Machtverhältnisse
- Reifegrad der verfügbaren Manager
- sich selbst verstärkendes Modell

Abbildung 29

Einige dieser Designkriterien wurden beziehungsweise werden in anderen Kapiteln bereits ausführlich abgedeckt. Sie werden daher hier nicht besprochen.

4.1 Verantwortungsübernahme

Mitarbeiter, die ihren Verantwortungsbereich kennen und die die Verantwortung auch voll übernehmen, werden die notwendigen Maßnahmen ergreifen, selbst dann, wenn nicht alle Aufgaben klar definiert sind. Wo dies gegeben ist, tun die Mitarbeiter alles, um das Richtige für das Unternehmen zu erreichen. Wenn Verantwortung nicht oder nur halbherzig übernommen wird, dann kann man fast davon ausgehen, dass die Aufgaben nicht zufriedenstellend erledigt werden. Wichtig ist daher, dass entweder die Verantwortlichkeiten klar definiert sind oder dass sich diese aus den Rahmenbedingungen und der Gesamtsituation klar ergeben. Dies bedeutet, dass alle Organisations-

und Prozessdesigns nach einer so genannten „End-to-End-Ownnership" ausgelegt sein sollten, da sich nur so Verantwortlichkeiten ableiten lassen, die nicht klar definiert sind. Dies bedeutet, dass jeder Prozess und jede Wertschöpfungskette von den betroffenen Mitarbeitern verstanden werden muss.

In den sehr komplexen Geschäftsumgebungen ist es nicht immer leicht, zu einfachen und klaren Strukturen zu kommen. Falls Verantwortlichkeiten nicht ausreichend definierbar sind, dann müssen zumindest die Schnittstellen klar und die Verantwortlichkeiten zumindest im Prinzip definiert sein. Es ist dann sinnvoll, überlappende Verantwortlichkeiten zu definieren, was jedoch nicht dazu führen darf, dass letztendlich keiner die Verantwortung übernimmt.

In der heutigen Situation mit der großen Unsicherheit und den sich ständig verändernden Rahmenbedingungen sind detaillierte „Jobbeschreibungen" vielfach nicht möglich und meines Erachtens auch nicht sinnvoll. Viel wichtiger ist es, dass die Mitarbeiter die Rahmenbedingungen verstehen und klar ist, *was* erledigt werden soll. Sie müssen ihre Rolle und Verantwortlichkeiten, den Freiraum, der ihnen eingeräumt wird und die „Measures", an denen sie gemessen werden, kennen. Leider werden heute zunehmend die Prozesse weitgehend arbeitsteilig gestaltet mit extrem hoher Spezialisierung, was zu einer geringen Identifikation mit der Gesamtaufgabe führt.

Das Management muss wissen, dass eine perfekte Lösung hier nicht möglich ist. Diese Tatsache muss offen angesprochen werden können. Die Jobinhalte müssen breiter definiert werden, was zu einer Ausweitung der Verantwortung führt.

Mitarbeiter müssen lernen, wie sie mit Konflikten und mit überlappenden Verantwortlichkeiten umgehen, und sie müssen wissen, wie man *Win-Win*-Situationen erzeugt.

Diese Situation wird von den Mitarbeitern sehr wohl verstanden, auch wenn sie natürlich lieber klare Verhältnisse hätten. Falls die notwendigen Informationen vorliegen und die entsprechenden Freiräume vorhanden sind, kann dies sogar zu einem zusätzlichen Motivationsschub führen.

4.2 Verantwortung für den Kunden

Kundenorientierung und die Loyalität der Kunden sind fundamentale Erfolgsfaktoren (siehe auch Kapitel 5.2). Der Erfolg beim Kunden hängt sehr entscheidend von den Mitarbeitern ab, die in der Schnittstelle zum Kunden tätig sind. Einschränkend muss hier erwähnt werden, dass es zunehmend auch rein elektronische Schnittstellen gibt. Diese müssen aber auch möglichst kundenfreundlich gestaltet sein. Der Kunde muss das Gefühl bekommen, dass er für das Unternehmen wichtig ist und als Individuum wahrgenommen wird. Wenn die Kunden mit den automatisierten Schnittstellen nicht zurechtkommen, dann ist es äußerst wichtig, dass zumindest die Eskalation von professionellen und serviceorientierten Mitarbeitern gehandhabt wird. Hier wird sehr oft am falschen Ende gespart, und dies führt zu einem nachhaltig schlechten Bild des Kunden. Wenn man zum Beispiel ein Unternehmen anruft und läuft auf einen Anrufbeantworter, der einem sagt, dass man doch bitte jetzt die Durchwahl wählen soll, die man nicht hat, dann ist dies nicht besonders hilfreich.

Der Unterschied zwischen Inhalt und Emotion muss berücksichtigt und entsprechend gemanagt werden. Mitarbeiter, die in der Schnittstelle zum Kunden stehen, machen die Erfahrung aus, die der Kunde mit dem Unternehmen hat, ob es nun der Agent im Call-Center, der Vertriebsmitarbeiter, der Sachbearbeiter, die Rezeptionistin oder der Servicetechniker ist oder wer auch immer mit dem Kunden spricht. Wir vergessen sehr oft, dass der Kunde vielleicht nur wenige Kontakte mit dem Unternehmen hat, aber diese wenigen Kontakte prägen die Gesamterfahrung des Kunden.

Eine für den Kunden sehr wichtige Frage ist, ob er mit Geschäftspartnern zu tun hat, die kompetent sind und auch ermächtigt sind, Entscheidungen verbindlich zu treffen. Falls ein Mitarbeiter immer wieder für irgendwelche Entscheidungen zum Management gehen muss, oder, was noch schlimmer ist, dass er sich hinter Vorschriften zurückzieht, dann verliert dieser Mitarbeiter und damit das Unternehmen sehr an Glaubwürdigkeit und Ansehen beim Kunden. Aus meiner langjährigen Erfahrung im Services-Umfeld kann ich sagen, dass es unverzichtbar ist, dass die verantwortlichen Mitarbeiter in der Kundenschnittstelle ermächtigt sind, alle anfallenden Entscheidungen unmittelbar zu treffen. Dies gilt besonders für Produkte, die kundenspezifisch angepasst werden können, und für projektspezifische Leistungen. Es mag durchaus sein, dass Mitarbeiter im Innenverhältnis für bestimmte Entscheidungen eine Genehmigung brauchen, aber dies darf für den Kunden nicht sichtbar werden.

4.3   Verantwortung für Gewinn und Verlust

Mitarbeiter, die die Verantwortung für Gewinn und Verlust haben, brauchen keine Vielzahl an „Measures". Sie tun normalerweise das Richtige. Sie haben per Definition eine gesunde Sicht der Dinge, seien sie nun kurzfristiger oder langfristiger Natur. Um ein gleiches Verhalten in einem Cost-Center zu erzielen, sind viele „Measures" notwendig, und am Ende wären sie dennoch nicht komplett.

Was nicht überrascht ist, dass Mitarbeiter in Cost-Centern sich sehr stark nach innen orientieren, wobei sie weniger kundenorientiert und auch weniger kostensensitiv sind. Sie bewegen sich in aller Regel in dem vorgegebenen Rahmen. Wenn also das Kostenbudget noch nicht ausgeschöpft ist, dann werden noch Kosten generiert, damit das Budget im nächsten Jahr nicht kleiner wird. Solche Mitarbeiter ergreifen selten die Initiative und stellen sich und ihre Arbeit auch selten selbst in Frage.

Mitarbeiter mit Gewinn- und Verlustverantwortung haben ein größeres Verantwortungsbewusstsein für das Ganze. Sie verstehen, dass Kunden entscheidend für den Erfolg sind und dass die zugesagten Leistungen ohne gute und qualifizierte Mitarbeiter beim Kunden nicht erfolgreich erbracht werden können. Hierbei sind verlässliche Partner in der ganzen Wertschöpfungskette sehr wichtig.

Mitarbeiter mit Gewinnverantwortung sind in der Regel sehr stolz auf ihre Arbeit, sie verhalten sich wie Unternehmer. Sie fühlen sich für das Ganze verantwortlich.

4.4 Erfahrungen aus Erfolg und Misserfolg

Wenn Prozesse entworfen werden, ist es sehr wichtig zu berücksichtigen, dass die Mitarbeiter aus der Erfahrung von Erfolg und Misserfolg lernen können. Die meisten Prozesse werden von Ingenieuren entworfen. Diese wenden in aller Regel Methoden des Engineering an. Aber dabei wird meistens vergessen, dass Menschen in diesen Prozessen arbeiten und dass alle Menschen verschieden sind. Prozesse werden meistens mit sehr arbeitsteiligen Komponenten entworfen. Man versucht, einen möglichst hohen Spezialisierungsgrad zu erreichen mit einer möglichst großen kritischen Masse. Dies alles unter der Annahme, dass dies die höchste Produktivität ermöglicht. Und in der Theorie stimmt dies ja auch meistens.

Wir erleben täglich, dass diese hochspezialisierten großen Organisationen, die theoretisch hoch produktiv sein müssten, in Wirklichkeit diesen Ansprüchen überhaupt nicht gerecht werden. Sie sind weniger kundenorientiert und die Kundenzufriedenheit ist niedriger. Die Mitarbeiter fühlen sich weniger für den Gesamterfolg verantwortlich. In vielen Fällen ist auch die Profitabilität geringer und die Mitarbeiter sind auch mit ihrer Arbeit weniger zufrieden.

Die meisten Organisationen werden wie Maschinenmodelle und nach sehr stark technischen Entwurfsprinzipien geplant. Dies ist auch keine Überraschung, da diese Arbeit meistens von Ingenieuren beziehungsweise von mehr technokratisch ausgerichteten Mitarbeitern ausgeführt wird. Mitarbeiter in diesen Prozessentwürfen haben zu funktionieren wie von den Designern entworfen und wie in umfangreichen Dokumenten beschrieben. Verstehen wir nicht, dass alle Mitarbeiter verschieden sind, dass sie unterschiedliche Talente, unterschiedliches Wissen und Skills haben? Dass selbst der gleiche Mitarbeiter montags anders „funktioniert" als mittwochs, aber unsere Prozesse unterstellen, dass alle gleich sind und sich genau so verhalten und arbeiten wie von den Prozessentwicklern entworfen? Mitarbeiter werden als Ressource gesehen, die man verplanen kann und die man behandelt wie Komponenten einer Maschine. Wie würden wir uns als Manager fühlen, wenn wir als Teil einer Maschine gesehen würden und zu funktionieren hätten und unsere individuellen Fähigkeiten und Talente und Erfahrungen keine Rolle spielen würden?

Die stark arbeitsteilig definierten Prozesse führen zu einer anderen Einstellung der Mitarbeiter. Sie fühlen sich wesentlich mehr ihrem Spezialgebiet verantwortlich als der Aufgabe, die es zu erledigen gilt. Der Gesamtzusammenhang wird nicht mehr gesehen. Der Kunde spielt nicht mehr in jedem Prozessschritt die entscheidende Rolle. Noch schlimmer ist, dass der Einzelne nicht mehr in der Lage ist, zu erfahren, welchen Beitrag seine Arbeit zum Gesamtprozess geleistet hat und ob er zu Erfolg oder Misserfolg geführt hat. Aber der Mensch lernt nur aus Erfolg oder Misserfolg. Das Gefühl, für ein Gesamtergebnis verantwortlich zu sein, kann in einem sehr arbeitsteiligen Setup einfach nicht entwickelt werden. Wenn Dinge schief laufen, dann wird von den Mitarbeitern auf den Prozess oder auf die anderen Teile des arbeitsteiligen Prozesses geschimpft. Das Management sucht dann sehr oft die Verantwortung bei den Mitarbeitern statt bei dieser Art von Organisation. Ich sage hier nicht, dass wir keine Spezialisierung oder keine kritische Masse brauchen. Wir müssen jedoch dem Aspekt, dass wir mit Menschen zu tun haben, mehr Beachtung schenken und die Prozesse entsprechend gestalten.

Theoretisch ist die Produktivität für große Teams höher. Meine Erfahrung über viele Jahre hat gezeigt, dass kleine Teams dagegen mit ausreichender kritischer Masse mit klarer Kundenorientierung wesentlich produktiver sind. Während meiner Zeit als Manager für das Services-Geschäft in Europa habe ich immer wieder erfahren, dass mittelgroße Länder (knapp ausreichend kritische Masse) bei etwa gleich guter Managerqualität erfolgreicher waren als die großen Länder. Eine Feststellung mag dies beleuchten. Wenn ich Mitarbeiter in den kleinen Ländern fragte, wo denn im Moment ihre Probleme wären, dann sprachen diese immer über Kundensituationen. Wenn ich dagegen mit Mitarbeitern aus vergleichbaren Bereichen in großen Ländern sprach, dann wurde fast immer über interne Probleme, seien es nun Prozess- oder Systemprobleme, gesprochen. Der Kunde war relativ *weit weg.* Wir unterschätzen in der Regel auch den Aufwand, der nötig ist, um große Organisationen zu koordinieren und zu managen. In kleinen Organisationen geschieht vieles von allein. In großen Einheiten muss alles organisiert werden.

Was ich persönlich lernen musste war, dass selbst dann, wenn man Ingenieure darauf hinweist, sie mögen doch bitte beim Design der Prozesse den Menschen nicht vergessen, die Ergebnisse sehr oft unbefriedigend waren. Wenn man sich die Designs anschaute, waren in vielen Fällen immer wieder Engineering Methoden zur Anwendung gelangt. Es wurde immer wieder mit der Annahme gearbeitet, dass man Menschen wie System- oder Maschinenkomponenten verplanen kann und dass alle Personen sich alle gleich und so wie entworfen verhalten.

Ich muss zugeben, dass es nicht einfach ist, Prozesse zu entwerfen, die die Individualität der Menschen ausreichend berücksichtigen. Es gibt keine offensichtlichen Kriterien, die man anwenden könnte. Dazu kommt, dass viele Manager und Mitarbeiter mit diesen Fragen überhaupt nicht konfrontiert werden möchten, weil es hierfür keine einfachen rationalen Argumente und Lösungen gibt. Hier sind gute Menschenkenntnis, emotionale Intelligenz und gesunder Menschenverstand gefragt. Ein Prozess, der diese Art von sozialen und emotionalen Argumenten berücksichtigt, ist bei den meisten Vorgesetzten wesentlich schwieriger zu verkaufen, da er weniger auf harten Fakten beruht. Wir müssen deshalb bewusst berücksichtigen, dass der Mensch und seine Individualität ein entscheidendes Designkriterium ist.

Einige hilfreiche Fragen sind in Abbildung 30 aufgeführt.

Diese Fragen wird jeder Manager aus seiner subjektiven Sicht individuell beantworten. Deshalb ist es wichtig, dass diese Themen offen und ehrlich diskutiert werden. Bei einem offenen Austausch der Meinungen ist es bisher immer möglich gewesen, ein gemeinsames Verständnis zu finden.

Zu berücksichtigende Fragen beim Design von Prozessen

* Ist die Aufgabe interessant und ausreichend herausfordernd für mich?
* Würde ich selbst gerne in einem solchen Prozess arbeiten?
* Würde ich mich für den Prozess verantwortlich fühlen? (als jemand der in dem Prozess arbeitet)
* Bin ich in der Lage, die Leistung zu erbringen, die mein Kunde (extern oder intern) erwartet?
* Habe ich genügend Freiraum, den Prozess zu adaptieren, wenn es der Kunde beziehungsweise die Situation erfordert?
* Habe ich den Eindruck, dass man mir vertraut?

Abbildung 30

In nicht wenigen Organisationen ist es nicht erlaubt, Fehler zu machen, mit dem Ergebnis, dass Mitarbeiter natürlich auch alles tun, um Fehler zu vermeiden. Und wenn sie dann doch gemacht werden, versucht man diese zu vertuschen oder anderen die Verantwortung zuzuschieben.

Eine gesunde Entwicklung erfordert aber eine gesunde Fehlerkultur, wobei natürlich auch hier erwartet werden muss, dass man aus Fehlern lernt und den gleichen Fehler nicht wiederholt macht. Wir müssen nicht nur Fehler tolerieren, sondern wir müssen Mitarbeiter ermutigen, Risiken einzugehen und Fehler zu machen. Ohne Fehler zu machen, wird es keinen Fortschritt geben und ohne Risiken einzugehen, gibt es keinen Erfolg. Der frühere CEO von Time Warner, Steve Ross, hat sogar gefordert: „Wer keine Fehler macht, der wird gefeuert!"

Wir sollten mehr über Erfahrungen und Lernen sprechen und weniger über Fehler. Macht ein kleines Kind einen Fehler, wenn es auf die heiße Herdplatte fasst, oder macht es eine Erfahrung? Wir müssen unsere Prozesse so gestalten, dass eine „End to End Ownership" gegeben ist und dass jeder Mitarbeiter wieder Erfolg und Misserfolg aus der unmittelbaren Arbeit erfahren kann.

4.5 Persönliche Entwicklung

Mitarbeiter, die erfolgreich sein wollen, sind daran interessiert zu lernen und wollen sich weiterentwickeln. Dies trifft auf die große Mehrheit der Mitarbeiter zu. Wie im Kapitel 3.9 „Anerkennung und Belohnung" bereits dargestellt, ist es wichtig, dass die Mitarbeiter die Verantwortung für ihre Entwicklung haben. Neben dem richtigen Prozess, der eine solche Einstellung unterstützt, müssen außerdem weitere Rahmenbedingungen stimmen. Eine wichtige Frage ist hier, wie gut beziehungsweise wie leicht sich Mitarbeiter entwickeln können und ob ein solcher Prozess vom Management unterstützt oder eher behindert wird.

Ich selbst habe Mitarbeiter, die sehr gute Beiträge über einen längeren Zeitraum in einem bestimmten Job erbracht hatten, immer stark unterstützt, wenn sie andere Jobs innerhalb und außerhalb der Organisation anstrebten, natürlich vorzugsweise innerhalb von HP. Innerhalb meines Managementteams gab es durchaus einige Widerstände zu überwinden, Mitarbeiter zu ermuntern, sich auch auf Jobs außerhalb der Organisation zu entwickeln, da man gute Leute nicht verlieren wollte. Darüber hinaus bedeutete dies natürlich immer wieder, neue Leute einzuarbeiten, was auch wieder etwas größere Unsicherheit und auch am Anfang mehr Coaching erforderte. Mit diesem Vorgehen wollte ich erreichen, dass innerhalb und außerhalb der Organisation deutlich wurde, dass die Mitarbeiter sich bei HP besonders gut entwickeln und bei ihrer Karriereentwicklung Unterstützung finden können. Es ist mir gelungen, viele Mitarbeiter in europäische und weltweite Funktionen bei HP zu entwickeln. Erfreulicherweise konnte ich ein Vertrauen erreichen, das es sogar ermöglichte, dass Mitarbeiter mich in ihre Wechselentscheidung einbezogen haben, selbst dann, wenn sie attraktive Angebote von außen hatten. Selbstverständlich habe ich versucht, gute Leute zu halten, aber wenn das externe Angebot attraktiver war, insbesondere in Bezug auf Chancen der Weiterentwicklung und Herausforderung, die ich nicht bieten konnte, dann habe ich auch empfohlen, die externe Gelegenheit anzunehmen (vorausgesetzt, es war nicht die direkte Konkurrenz). Aller Wahrscheinlichkeit nach hätten die Mitarbeiter diese Entscheidung sowieso getroffen. So hatte ich zumindest eine Chance, Einfluss zu nehmen, und darüber hinaus hatten wir einen weiteren Freund außerhalb von HP gewonnen. Und nicht selten kam der eine oder andere Mitarbeiter wieder zurück, weil er realisierte, dass HP doch die attraktivsten Arbeitsbedingungen hatte. Bei vielen Unternehmen wird allein der Hinweis eines Mitarbeiters darauf, dass er ein externes Angebot habe, äußerst negativ gesehen, mit der Folge, dass diese Mitarbeiter fast keine Chance mehr innerhalb des Unternehmens haben.

Ich bin zutiefst überzeugt, dass eine gesunde und erfolgreiche Organisation ihren Mitarbeitern hervorragende Entwicklungsmöglichkeiten bieten muss. Hierzu gehören ein großes Maß an Vertrauen zwischen Mitarbeitern und Managern.

4.6 Anpassungsfähigkeit der Organisation

Die vor uns liegenden Zeiten erfordern eine Belegschaft und Organisationen, die die Fähigkeit entwickelt haben, sich selbst an die sich ständig verändernden Marktbedingungen anzupassen und mit den neuen technologischen Trends fertig zu werden, und zwar besser und insbesondere schneller als der Wettbewerb. Die Frage der Anpassungsfähigkeit und der Fähigkeit, in diesen Veränderungen Chancen zu erkennen, ist eine Frage des Überlebens. Die heute angewandte Managementpraxis, in der die meisten Manager glauben, dass alles vom Topmanagement entschieden werden muss, führt zu einer Situation, die genau das Gegenteil bewirkt. Mitarbeiter fühlen sich zunehmend entmündigt. Sie verlieren geradezu die Fähigkeit, sich selbst zu entwickeln. Sie warten auf das, was passiert, und wenn dann Veränderungen von der Spitze geplant werden, wird dies mit Widerstand beantwortet.

Natürlich wird der Widerstand nicht offen gezeigt und man lässt das Management in dem Glauben, dass man die Veränderungen mit trägt, da Management Widerstand nicht gerne sieht. Das Ergebnis dieser Haltung ist, dass die Organisation sich, wenn überhaupt, nur langsam bewegt. Dieser Führungsstil birgt auch die große Gefahr, dass die besten Leute nach Gelegenheiten suchen, wo ihre Beiträge und wo ihre Individualität geschätzt werden. Sie werden in Unternehmen wechseln, in denen sie die Rahmenbedingungen finden, die sie anstreben und die Voraussetzung für eine sehr leistungsfähige Organisation sind.

Die Mitarbeiter, die bleiben, werden bestenfalls das tun, was man ihnen aufgetragen hat. Glauben wir wirklich, dass das die Mitarbeiter sind, die wir brauchen, um mit den vor uns liegenden Herausforderungen fertig zu werden und im Markt zu gewinnen? In der Zukunft werden wir einfach nicht mehr die Zeit haben, unsere Organisationen mit großem Aufwand immer wieder zu verändern, wann immer sich die Marktbedingungen und/oder der Produktmix und oder die Marktstrategien verändern. Wir brauchen Organisationen, die diese Fähigkeiten in sich haben. Wir brauchen Mitarbeiter, die verstehen, wie sie mit den Herausforderungen umgehen müssen. In der Zukunft werden nur die Organisationen zu den Gewinnern zählen, die die Fähigkeit der Anpassungsfähigkeit in sich entwickelt haben. Aufgezwungene Veränderungen werden bei der Umsetzung viel zu lange dauern. Der Wunsch nach Veränderungen muss von innen kommen, aus eigener Überzeugung.

4.7 Sich selbst verstärkendes Modell

Mitarbeiter, die die entsprechenden Rahmenbedingungen vorfinden, sodass sie motiviert arbeiten können, werden laufend die Bedingungen verbessern, in denen sie arbeiten. Über die Zeit führt dies zu einem sich selbst verstärkendem System. Sie haben gelernt, Leistung zu erbringen, und sie verstehen es, ihre Talente und Skills optimal einzusetzen. Sie wollen kreativ und innovativ sein und werden selbst den Bedarf für Veränderungen erkennen. Sie wollen die Zukunft gestalten und gewinnen und sie wollen stolz sein auf das, was sie tun. Sie werden erfahren, wie befriedigend es ist, zu den Gewinnern zu zählen, und sie werden alles tun, um erfolgreich zu sein. Ist das nicht letztendlich das, was eine lernende Organisation ausmacht?

4.8 Machtbalance

Wenn man heute Organisationen entwickelt, sind unter dem Aspekt Machtbalance zwei Punkte zu berücksichtigen.

Die Managementstrukturen in einer Organisation sollten so flach wie möglich sein. Das Verhältnis zwischen Mitarbeiter und Manager sollte im Schnitt im Minimum 10:1 betragen. In stabilen Organisationen kann das Verhältnis auf 20:1 herauf gehen. Aber dieses hohe Verhältnis darf nicht dazu führen, dass Manager nicht mehr genügend Zeit haben, ihre Mitarbeiter zu „coachen" und zu entwickeln und sich ausreichend um mitarbeiterbezogene Probleme zu kümmern.

Es gibt immer wieder Situationen, in denen man Einheiten mit sehr unterschiedlichen Größen organisieren muss. Es ist nicht ungewöhnlich, dass man Einheiten hat, in denen die Anzahl der Mitarbeiter oder das Geschäftsvolumen zehn bis 20-mal größer ist als in kleinen Einheiten. Dies kann in der täglichen Praxis zu einigen Konflikten führen. Es ist daher sicherzustellen, dass die Manager der großen Einheiten nicht die Meetings dominieren. Den kleineren Einheiten muss ausreichend Beachtung und Wertschätzung geschenkt werden. Sie dürfen nicht das Gefühl bekommen, unwichtig zu sein und von den großen Einheiten untergebuttert zu werden. Nach kurzer Zeit werden die Manager der kleinen Einheiten sich sonst nicht mehr repräsentiert fühlen. Es ist deshalb notwendig, hier zu einer guten Balance zu kommen. Wenn die Manager der großen Einheiten so reif sind, dass sie sich selbst zurücknehmen können, dann ist eine Struktur mit unterschiedlich großen Einheiten durchaus führbar. Wenn die Manager nicht über diesen Reifegrad verfügen, dann muss die Organisationsstruktur besser ausbalanciert werden oder die Manager müssen durch entsprechend reifere Manager ersetzt werden.

4.9 Reifegrad der Manager

Wenn wir Mitarbeitern neue Aufgaben oder neue Jobs zuweisen, dann müssen wir wissen, ob die Person in der Lage ist, die Aufgaben zu erledigen und mit den anstehenden Herausforderungen fertig zu werden. An erster Stelle steht hier bei der Auswahl eines Managers die Frage, ob er ein guter Manager oder ein potenziell guter Manager ist und nicht, ob er in seinem jetzigen Job eine sehr gute Leistung erbringt.

Sehr oft wird der Fehler gemacht, dass wir für Managementjobs die Mitarbeiter mit der besten finanziellen und/oder Vertriebsleistung auswählen, ohne zu untersuchen, ob der Mitarbeiter die Fähigkeiten hat, den Aufgaben in der neuen Managementrolle gerecht zu werden. Wir wissen alle, dass zum Beispiel ein hervorragender Vertriebsmitarbeiter nicht automatisch auch ein guter Vertriebsmanager ist.

Der direkte Manager ist sehr wichtig für die Leistungsfähigkeit und den Grad an Zufriedenheit im Job, wesentlich wichtiger als die übrige Managementstruktur. Buckingham und Coffman haben dies in ihrem Buch „First Break all the Rules" sehr gut heraus gearbeitet.

Es ist erstaunlich, dass selbst Dinge, die absolut identisch sind wie zum Beispiel harte Faktoren bei den Arbeitsbedingungen, von Mitarbeitern total unterschiedlich gesehen werden, je nachdem wer der direkte Manager ist und wie das Arbeitsklima bewertet wird. Ein gutes Beispiel in diesem Zusammenhang ist eine Studie in USA, in der man bei einer Großhandelskette die Leistungen der verschiedenen Filialen untersucht hat. Es wurde herausgefunden, dass die Leistung der Filialen direkt verknüpft war mit der Leistung des Filialmanagers. Interessanterweise wurden selbst Dinge wie Filialdesign, Kassensysteme und andere harte Faktoren von den Mitarbeitern gänzlich unterschiedlich beurteilt, obwohl sie in allen Filialen absolut identisch waren. In Filialen mit gutem Arbeitsklima und mit hoher Leistung wurden diese Dinge positiv oder zumindest nicht als ein Problem gesehen, wogegen sie in Filialen mit geringerer Leistung sehr negativ eingeschätzt wurden.

Es ist also sehr wichtig, dass die direkten Vorgesetzten ihren Aufgaben gewachsen sind und einen guten Job machen.

Wir müssen uns daher immer wieder fragen:

- Über welchen Reifegrad verfügt der Kandidat?

- Hat der Kandidat das notwendige Wissen und die notwendigen Skills?

- Passen die Talente des Kandidaten mit den Jobanforderungen zusammen?

- Welches Wissen und welche Skills muss sich der Kandidat noch erarbeiten, um die Anforderungen zu erfüllen?

- Kann er sich solche Fähigkeiten selbst erarbeiten oder braucht er hierfür intensives Coaching?

- Kann der Vorgesetzte diese Coaching-Leistungen erbringen oder gibt es Kollegen, die diese Aufgabe übernehmen?

Es sollte in jeder Organisation selbstverständlich sein, dass der jeweilige Vorgesetzte seine Mitarbeiter beziehungsweise Manager nach Reifegrad managt, wobei die Einschätzung des Vorgesetzten mit dem Mitarbeiter beziehungsweise Manager besprochen werden muss. Die Entwicklung und die Erwartung an den neuen Manager muss in einem Entwicklungsplan definiert sein. Hierzu gehört auch der Zeitpunkt, an dem beabsichtigt ist, dem neuen Manager die volle Autorität des neuen Jobs zu übertragen.

Ich teile zwar auch das allgemeine Verständnis, dass Positionen erst besetzt werden sollten, wenn die Strukturen stehen, wobei sich die Strukturen aus den Strategien und Zielen ableiten sollten. Doch wir sollten sie nicht zum unverrückbaren Prinzip machen.

Es hilft nicht, wenn wir ideale Strukturen, aber keine Mitarbeiter haben, die diese idealen Strukturen ausfüllen können. Deshalb ist es notwendig, dass parallel zu den Strukturfragen auch überlegt wird, welche Mitarbeiter können diese Funktionen ausfüllen. Dies kann dazu führen, dass man gegebenenfalls Kompromisse bei den Strukturen eingehen muss. Ein Beispiel mag dies erläutern: Die geplante Struktur sieht vor, dass der Vertriebs- und Marketing-Manager-Job kombiniert sein soll. Falls wir dann aber einen sehr guten Vertriebsmanager haben, der sich für die Marketingfunktion nicht eignet, und eine andere Person ist stark in Marketing, aber voraussichtlich nicht gut in der Vertriebsfunktion, dann kann es durchaus sinnvoll sein, die Jobs zu trennen.

In großen Organisationen sollten wir solche Abweichungen von der generellen Struktur allerdings auf ein Minimum beschränken, da die Konsistenz der Organisationsstruktur einen Wert an sich darstellt. Bei notwendigen Abweichungen müssen wir gewährleisten, dass diese keinen negativen Einfluss auf andere Organisationsteile haben.

4.10 Organisationsstrukturen

Es gibt einige grundsätzliche Organisationsstrukturen, die ich im Folgenden kurz ansprechen möchte. Sie erheben nicht den Anspruch, alle Fragen umfänglich zu behandeln. Sie werden insoweit behandelt, als ich hierzu Erfahrungen beitragen kann.

Zunächst eine prinzipielle Aussage:

Wir müssen akzeptieren, dass der Erfolg einer Organisation weniger von den Organisationsstrukturen abhängt als vom Führungsstil und der Unternehmenskultur.

Wir erleben allerdings heute immer wieder, dass das Management als Erstes mit einer Veränderung der Organisationsstruktur reagiert, sobald es Schwierigkeiten gibt. Dies führt zu der Situation, dass manche Organisationen mehrmals pro Jahr verändert werden. Dies ist offensichtlich nicht sehr hilfreich. In vielen Fällen werden Organisationen verändert, bevor man feststellen konnte, ob die alte Veränderung überhaupt Wirkung zeigen konnte. Sehr oft führt dies auch dazu, dass Mitarbeiter die geplanten Veränderungen nicht ernst nehmen und warten, bis die nächste Veränderung kommt. Manchmal sind sogar die Organisationen, die die Vorgaben schnell umsetzen und sich schnell verändern, gegenüber den Organisationen, die sich nicht verändern, im Nachteil. Ein Beispiel mag dies erläutern. Wenn die Belegschaft reduziert werden soll und jeweils mit dem „Rasenmäher" gearbeitet wird, dann kann es passieren, dass die Organisation, die schnell reagiert, gegebenenfalls von einer Abbaurunde zwei- oder dreimal getroffen wird, und die Organisation, die sehr zurückhaltend mit dieser Auflage umgeht, nur einmal betroffen ist. Solche Erfahrungen führen natürlich dazu, dass die Leute einfach abwarten und versuchen, die Dinge auszusitzen.

Die gewählte Organisationsstruktur sollte so gestaltet sein, dass nicht jedes kleine Problem eine Organisationsänderung erfordert. Im Gegenteil, sie sollte so sein, dass sie erlaubt, auf Veränderungen im Markt ohne Änderungen der Organisation zu reagieren. Idealerweise sollte sie so flexibel sein, dass sie sich den jeweiligen Marktbedingungen ohne Eingriffe des Managements anpassen kann.

Die prinzipiellen Kriterien, die bei einer Organisationsentwicklung berücksichtigt werden sollen, wurden bereits in Abbildung 28 gezeigt. Die Schwerpunkte sind natürlich für jede Organisation etwas unterschiedlich. Es sollte daher festgelegt werden, welche Kriterien besonders wichtig sind und welche vernachlässigt werden können. Jede gewählte Struktur sollte dann gegen diese Kriterien geprüft werden.

Das ganze Spektrum an Organisationsstrukturen zu besprechen, würde sicherlich den Rahmen dieses Buches sprengen. Ich werde daher nur die prinzipiellen Unterschiede einer hierarchischen Struktur, einer funktionalen und geografischen Matrix und einer Netzwerkstruktur aufzeigen. Die Stärken und Schwächen der jeweiligen Strukturen werden kurz diskutiert. Die Aussagen entsprechen meinen Erfahrungen mit diesen Strukturen und sind sicherlich nicht repräsentativ.

Die beiden Strukturen, die die größte Verbreitung haben, sind hierarchisch aufgebaut. Es gibt nicht wenige Vorstände oder Geschäftsführer, die davon überzeugt sind, dass nur hierarchische Managementstrukturen auf Dauer funktionieren. Dies deckt sich nicht mit meinen Erfahrungen. Auch Matrixorganisationen haben ihre Berechtigung. Wenn man die Schwächen der Matrixstruktur vernünftig adressiert, dann können auch diese sehr erfolgreich sein. Wichtig ist, dass die ausgewählte Struktur konsequent umgesetzt wird.

Im Folgenden zeige ich die jeweilige Struktur und die Stärken und Schwächen dieser Struktur, werde diese aber nicht weiter diskutieren. In der konkreten Situation empfehle ich, die Struktur an den Anforderungen für eine Organisation zu reflektieren.

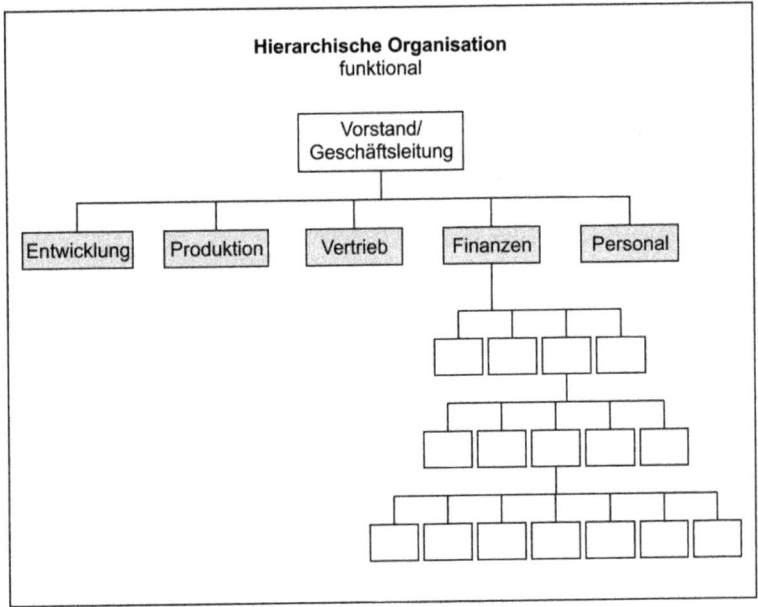

Abbildung 31

Vorteile/Nachteile einer hierarchischen Struktur nach Funktionen	
Vorteile	**Nachteile**
✴ klare Zuständigkeit	✴ Struktur wird der Komplexität nur bedingt gerecht
✴ geringerer Abstimmungsbedarf	
✴ one face to the customer	✴ erschwert Zusammenarbeit
	✴ erschwert kooperativen Führungsstil
	✴ erzeugt Silodenken in Funktionen
	✴ weniger Verständnis für das Ganze

Abbildung 32

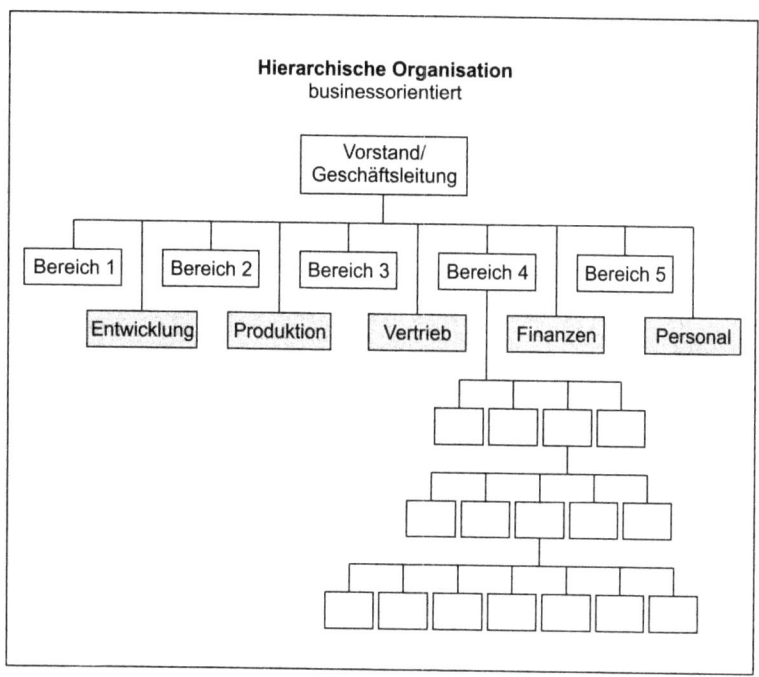

Abbildung 33

Vorteile/Nachteile einer hierarchischen Struktur businessorientiert

Vorteile	Nachteile
● klare Zuständigkeiten	● Struktur wird der Komplexität nur bedingt gerecht
● Gesamtverantwortung	
● klarer Business Fokus	● erschwert Zusammenarbeit über Businesses hinweg
● geringerer Abstimmungsbedarf	
● jeder Mitarbeiter hat einen Vorgesetzten	● erzeugt Silodenken in Funktionen
	● erzeugt Silodenken in Businesses
	● mehrere Kundenschnittstellen

Abbildung 34

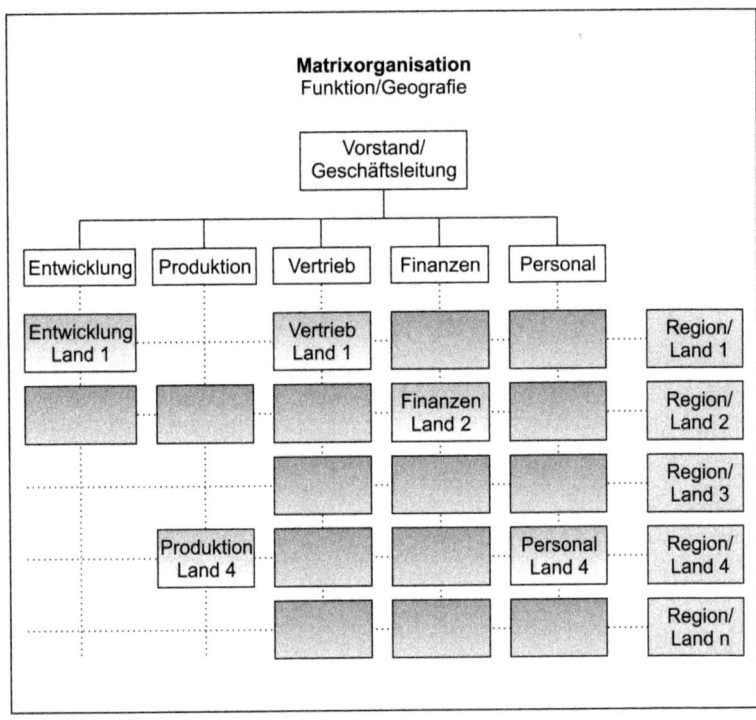

Abbildung 35

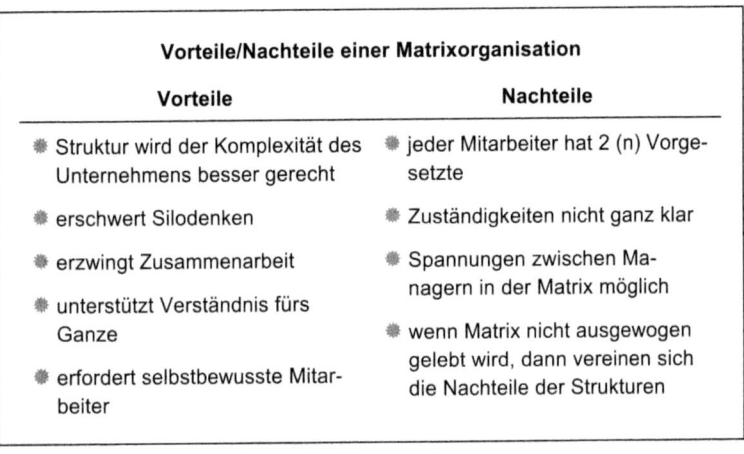

Abbildung 36

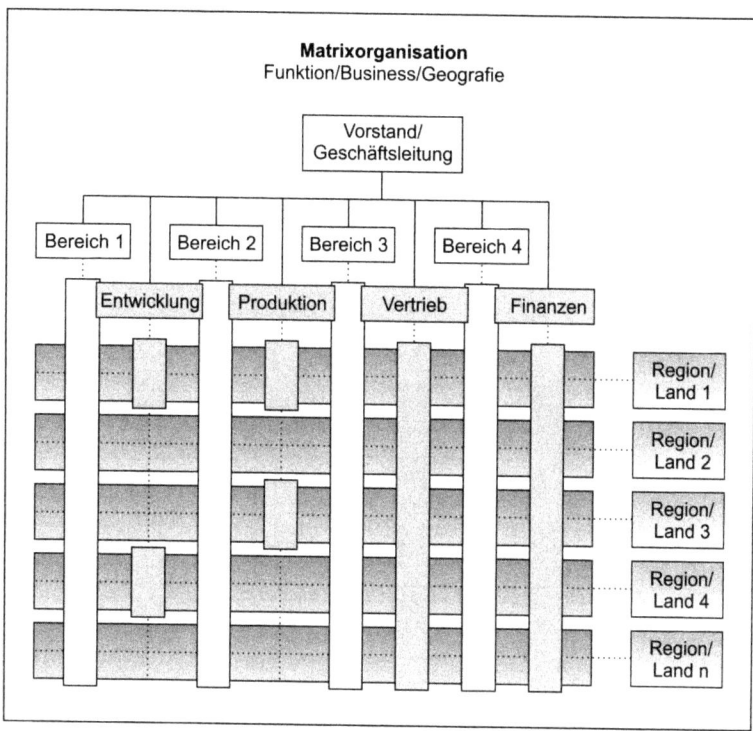

Abbildung 37

Vorteile/Nachteile einer mehrdimensionalen Matrixorganisation

Vorteile	Nachteile

Vorteile

✳ Struktur wird der Komplexität des Unternehmens gerecht

✳ erschwert Silodenken

✳ erzwingt Zusammenarbeit

✳ unterstützt Verständnis fürs Ganze

✳ erfordert selbstbewusste Mitarbeiter

Nachteile

✳ jeder Mitarbeiter hat (n) Vorgesetzte

✳ Zuständigkeiten nicht wirklich klar

✳ sehr hoher Abstimmungsbedarf

✳ Schwierigkeiten bei der Umsetzung

✳ Spannungen zwischen Managern in der Matrix wahrscheinlich

✳ wenn Matrix nicht ausgewogen gelebt wird, dann vereinen sich die Nachteile der Strukturen

Abbildung 38

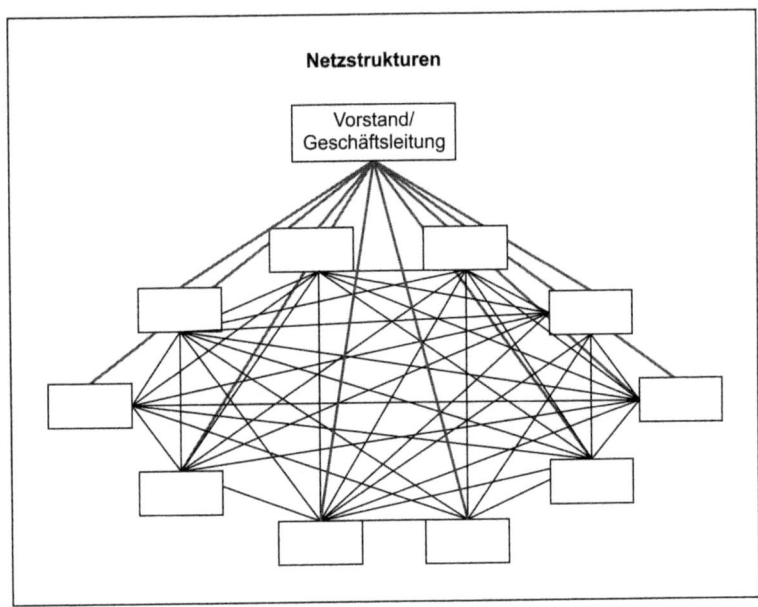

Abbildung 39

Vorteile/Nachteile Netzwerkstrukturen	
Vorteile	**Nachteile**
✱ niedrige, flache Hierarchie	✱ Verantwortlichkeiten sind nicht klar
✱ schnelle Reaktion auf Veränderungen	✱ Management Fähigkeiten können nur schwer erarbeitet werden
✱ Projektarbeit wird gut unterstützt	
✱ Teamarbeit wird unterstützt	✱ für übergreifende Aktivitäten ist ein hoher Abstimmungsaufwand nötig
✱ hohe Motivation der Mitarbeiter	
✱ hohe Effizienz	✱ ist für große Organisationen nicht geeignet
✱ erfordert hohe Management-Kompetenz	

Abbildung 40

Jede Organisationsform stellt immer nur einen Kompromiss dar. Die eine, richtige Struktur gibt es nicht. Es ist immer eine schwierige Aufgabe, für ein Unternehmen oder für einen Bereich eine angemessene Struktur zu finden. Die ausgewählte Struktur hängt von vielen Faktoren ab, wie zum Beispiel den Geschäftsumgebungen, dem Wettbewerb und der Marktdynamik, der Größe des Geschäfts und der Organisationen, der Abhängigkeiten zwischen einzelnen Organisationseinheiten und dem Reifegrad der betroffenen Personen. Abhängig von dieser Einschätzung muss dann entschieden werden, welche Elemente wie wichtig sind und welche Struktur diesen Anforderungen am nächsten kommt.

Da sich die Anforderungen an die Organisationen wegen der sich verändernden Marktsituationen immer schneller verändern, ist es angebracht, die Strukturen so zu gestalten, dass Anpassungen einfach und ohne große Planungen erfolgen können. Strukturen sollten mindestens für ein bis zwei Jahre halten. Zu detaillierte Strukturen müssen zu häufig angepasst werden. Es ist wichtig, dass die nötige Flexibilität in den Strukturen enthalten ist und dass die notwendigen Anpassungen von den Organisationseinheiten selbst vorgenommen werden können.

Dies ist natürlich für Manager in den Zentralen, die alles unter Kontrolle haben wollen, ein Szenario, mit dem sie sich sehr schwer tun. Aber wir müssen lernen, dass Organisationen die Aufgabe haben, die zu erledigenden Arbeiten möglichst effektiv, schnell und im Kundeninteresse zu erbringen und nicht dazu da sind, um die Arbeit in den Zentralen zu vereinfachen.

Wichtig ist, dass die Verantwortlichkeiten klar geregelt sind. In Matrixorganisationen ergibt sich aus der Struktur, dass sich mindestens zwei, bei dreidimensionalen Strukturen sogar drei Manager die Verantwortung für bestimmte Aufgaben teilen. Dies setzt eine intensive Teamarbeit voraus. Die „Measures" müssen so gestaltet sein, dass dies den überlappenden Verantwortlichkeiten gerecht wird. Viele Personen tun sich damit sehr schwer und ich muss gestehen, dass dies auch nicht ganz einfach ist. In neuen Organisationen und für neue Manager muss die Möglichkeit eingeräumt werden, dies zu thematisieren. Entsprechende Trainings sollten vorgeschrieben sein. Die „Do's und Don'ts" müssen besprochen werden und von jedem verstanden werden. Es muss weiterhin geklärt sein, wie man mit dem so genannten „white Space" umgeht. Es ist Aufgabe der nächsten Managementebene, dass der „white Space" abgedeckt wird.

5. Herausforderungen für das Management

Es ist Aufgabe des Managements, die Herausforderungen anzunehmen und für das Unternehmen erfolgreich zu bewältigen. In Abbildung 41 sind die Herausforderungen dargestellt, mit denen heute fast jedes Unternehmen in unterschiedlicher Intensität zu tun hat. Ich werde allerdings die dort gelisteten Themen nur insoweit ansprechen, als sie mit dem Thema dieses Buches zu tun haben, also mit dem Thema Motivation und der Frage: „Wie erzeuge ich eine Wollenkultur?". Die schattiert dargestellten Punkte werden zu einem gewissen Grad behandelt, die nicht schattierten Punkte sind nur der Vollständigkeit halber erwähnt.

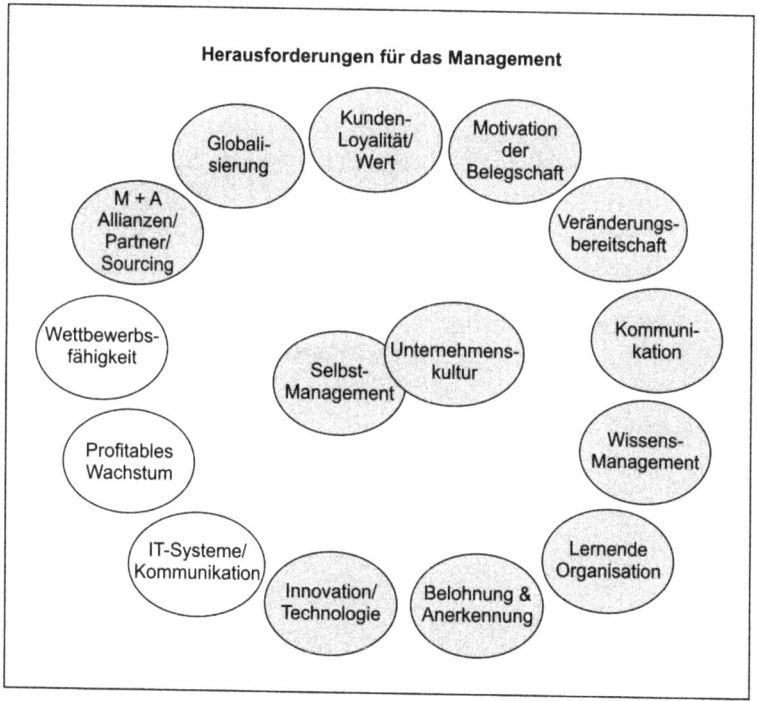

Abbildung 41

Einige der Punkte sind bereits in vorigen Kapiteln behandelt worden. Hierzu gehören die Punkte Unternehmenskultur (siehe hierzu Kapitel 2), Motivation der Belegschaft (Motivation ist ein wesentlich Aspekt des ganzen Buches und wird hier nicht noch einmal getrennt behandelt). Anerkennung und Belohnung wurde bereits unter Punkt 3.9 abgehandelt.

5.1 Selbstmanagement

Jeder gute und erfolgreiche Manager muss zunächst in der Lage sein, sich selbst zu kennen und sich selbst zu managen

Dies ist leichter gesagt als getan. Hierzu gehören folgende Fragen:

- Wer bin ich?
- Welches Menschenbild habe ich?
- Was ist mein Wertesystem?
- Was sind meine Stärken, was meine Schwächen?
- Was sind meine Talente?
- Über welches Wissen und welche Skills verfüge ich?
- Welche persönlichen Ziele habe ich? Welche beruflichen Ziele habe ich?
- Was ist mein bevorzugter Führungsstil?
- Wie manage ich meine Zeit?

Ich möchte diesen Punkt hier nicht weiter vertiefen. Ich empfehle allerdings, dass jeder Manager sich mit diesen Fragen intensiv beschäftigt. Hierzu gibt es einiges an Fachliteratur. Ich möchte hier drei Titel exemplarisch nennen:

- The Seven Habits Of Highly Effective People von Stephen R. Covey
- The Effective Executive von Peter F. Drucker
- The Present von Johnson Spencer

5.2 Kunde

Es wird heute nicht mehr in Frage gestellt, dass erfolgreiche Unternehmen die Kunden in den Mittelpunkt aller Aktivitäten stellen. Kundenzufriedenheit und kundenzentrische Organisationen sind Konzepte, die von vielen Unternehmen angewandt werden. Gallup hat in jüngsten Untersuchungen gezeigt, welche Zusammenhänge zwischen der emotionalen Bindung von Kunden und Mitarbeitern und der Leistung von Unternehmen bestehen (siehe hierzu auch Kapitel sowie das Buch „Managen nach dem Gallup-Prinzip von Coffman und Gonzalez-Molina).

Aber wenn wir dies alles wissen und wenn viele Firmen den Kunden so im Fokus haben, warum gibt es dann immer noch so viele unzufriedene und illoyale Kunden? Warum machen die Kunden nicht die „Wow"-Erfahrung, die Tom Peters in seinen Werken anmahnt. Hat es vielleicht damit zu tun, dass unsere Mitarbeiter so unzufrieden mit ihrer Arbeit sind? Behandeln die Manager die Mitarbeiter genauso, wie sie wünschen, dass die Mitarbeiter ihre besten Kunden behandeln?

5.2.1 Kundenloyalität

Ist es nicht erstaunlich, dass es heute immer noch Manager gibt, die glauben, sie könnten Mitarbeiter behandeln wie ihre Leibeigenen. Sie müssen Leistung bringen, sie müssen die Kunden zufrieden stellen, sie müssen, sie müssen … Und wenn wir sie nicht mehr brauchen, dann entledigt man sich der Ressource Mitarbeiter.

Überrascht es uns wirklich, wenn wir feststellen, dass das nicht funktioniert, sondern geradezu das Gegenteil bewirkt? Können wir uns wirklich vorstellen, dass Mitarbeiter, die tief enttäuscht sind von ihrer Arbeit beziehungsweise den Arbeitsbedingungen beziehungsweise von der Art und Weise, wie sie behandelt werden, einen exzellenten Job in der Kundenschnittstelle machen?

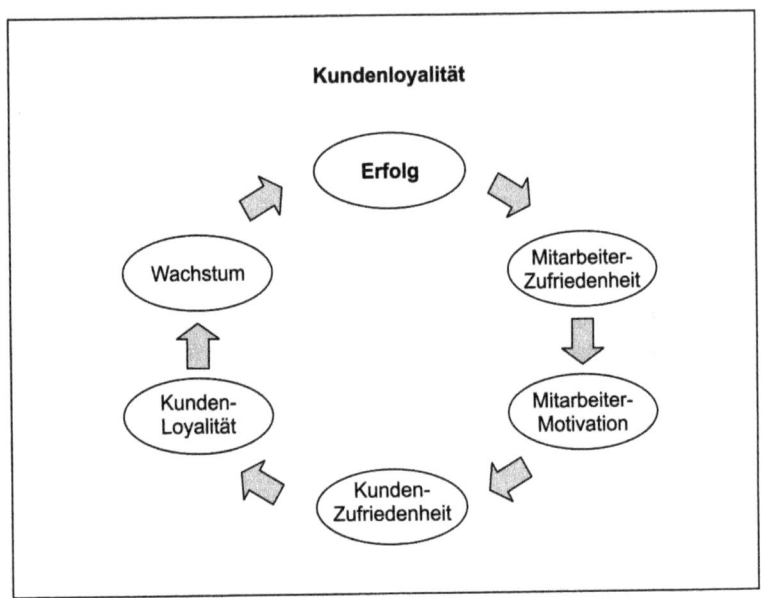

Abbildung 42

Das Ziel, zufriedene und loyale Kunden zu haben, kann nur erreicht werden, wenn wir wirklich verstehen, dass nur zufriedene Mitarbeiter auch zufriedene Kunden erzeugen können. Nur hoch motivierte Mitarbeiter, die wirklich ein Interesse an loyalen Kunden haben, können auch loyale und mehr als zufriedene Kunden entwickeln.

Der Kreislauf des Erfolges für zufriedene Kunden beginnt beim Mitarbeiter. Ohne zufriedene Mitarbeiter gibt es keine motivierten Mitarbeiter und ohne motivierte Mitarbeiter gibt es keine Kundenzufriedenheit. Und ohne Kundenzufriedenheit gibt es keine lang anhaltende Kundenloyalität. Loyale Kunden sind Kunden,

- die sehr zufrieden mit der Leistung und der Zusammenarbeit sind,

- die mit Sicherheit wieder bei dem Unternehmen einkaufen werden und

- ihren Geschäftspartnern und Freunden das Unternehmen uneingeschränkt empfehlen.

Loyale Kunden führen zu wirtschaftlichem Erfolg und anhaltendem Wachstum. Herb Kelleher, der CEO von Southwest Airlines, formulierte es so: *„Happy customers come second, keeping employees happy comes first. The thinking goes if employees are happy they'll make customers happy."* South West Airlines ist seit vielen Jahre weltweit die erfolgreichste Airline und hat die zufriedensten und loyalsten Kunden.

Ich persönlich habe immer versucht, eine Balance herzustellen zwischen Kundenzufriedenheit und Mitarbeiterzufriedenheit. Es macht meines Erachtens keinen großen Sinn zu argumentieren, was an erster Stelle kommt. Wichtig ist, die Abhängigkeiten zu verstehen, wie sie in Abbildung 17 dargestellt sind. Es muss wirklich jedem Mitarbeiter bewusst sein, dass jeder Kunde mit Vertrauen, Respekt und Würde zu behandeln ist, genau so wie man selbst behandelt werden möchte. Ebenso muss es jedem Manager bewusst sein, dass alle Mitarbeiter mit dem gleichen Vertrauen, Respekt und Würde behandelt werden.

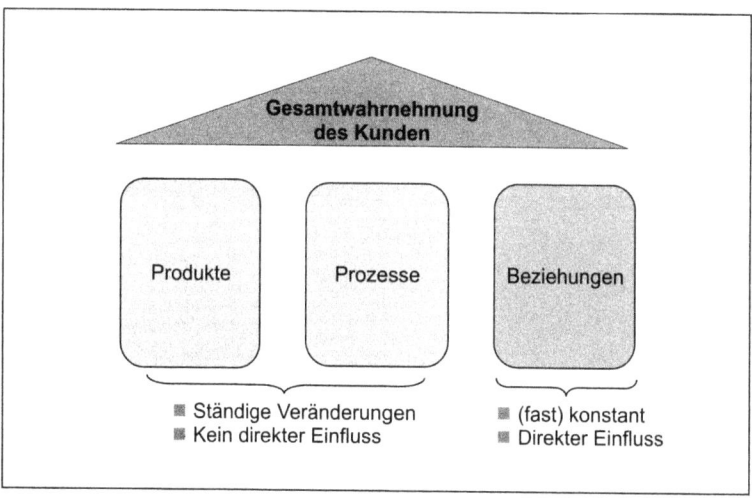

Abbildung 43

Für den Kunden ist es wichtig, welche Gesamterfahrung er mit dem Unternehmen macht. Sie setzt sich zusammen aus der Erfahrung mit den Produkten, die geliefert wurden, mit den Prozessen, mit denen wir den Kunden bedienen, und mit den persönlichen Beziehungen beziehungsweise Interaktionen, die die Mitarbeiter des Unternehmens mit den Mitarbeitern des Kunden haben.

Die Beziehungen machen in den meisten Fällen den Unterschied, da die Produkte oft austauschbar sind und die Prozesse meist nicht stark voneinander abweichen beziehungsweise nicht als echtes Differenzierungskriterium herangezogen werden können. Hier wirkt sich auch aus, dass zunehmend standardisierte Softwarepakete zum Einsatz gelangen. Produkte und Prozesse unterliegen einem ständigen Wandel, und auf diese Entwicklung haben die Mitarbeiter, die in der Schnittstelle zum Kunden tätig sind, kaum einen Einfluss. Auf der anderen Seite sind Beziehungen relativ stabil, wenn sich die handelnden Personen nicht laufend ändern. Besonders die Mitarbeiter im Vertrieb oder im Service haben einen direkten Einfluss, wie gut die Beziehungen zwischen den Mitarbeitern auf beiden Seiten sind. Dies erklärt auch, warum häufige Wechsel in der Kundenschnittstelle, zum Beispiel der Vertriebsmitarbeiter, sehr negativ von den Kunden empfunden werden.

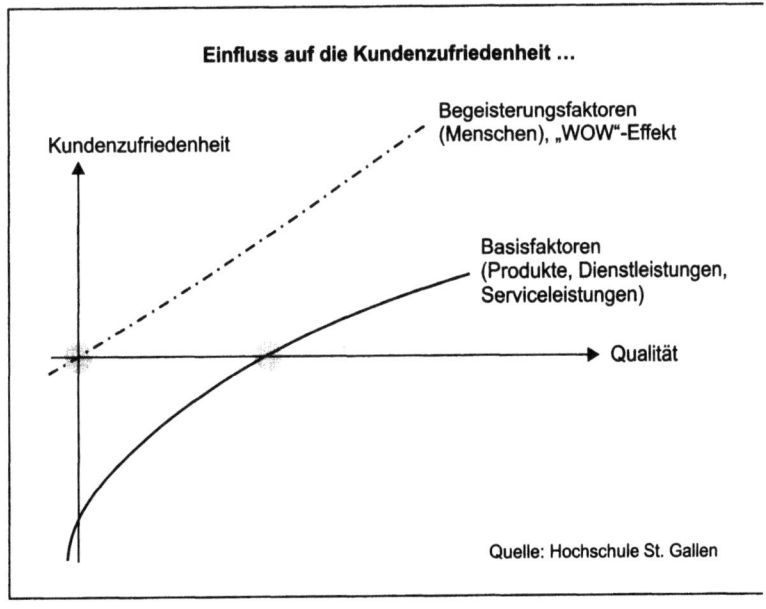

Abbildung 44

Abbildung 44 zeigt, dass der „Wow"-Effekt beim Kunden – wie von Tom Peters in seinem Buch „Der Innovationskreis" beschrieben – nur erzielt werden kann, wenn es gelingt, den Kunden zu begeistern und die erwartete Leistung jeweils zu übertreffen. Als Lieferant muss man davon ausgehen, dass zumindest die vom Kunden erwarteten Leistungen von den meisten Wettbewerbern erbracht werden. Deshalb kann eine besondere Wirkung beim Kunden und eine Differenzierung nur erzielt werden, wenn die Mitarbeiter jeden Tag bewusst daran arbeiten, dieses „Mehr" zu erbringen.

Die hier erwähnte Korrelation zwischen Kundenzufriedenheit und Kundenloyalität ist grundsätzlich richtig. In der Realität ist dies jedoch wesentlich komplexer, weil es weitere Einflussfaktoren gibt, wie die folgende Abbildung zeigt.

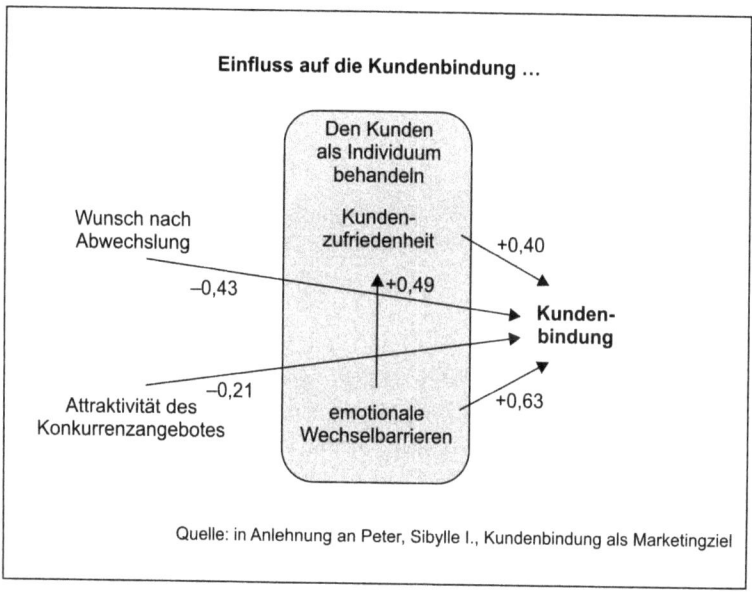

Quelle: in Anlehnung an Peter, Sibylle I., Kundenbindung als Marketingziel

Abbildung 45

Die Abbildung zeigt, dass eine höhere Kundenzufriedenheit einen Faktor von 0,4 zur Kundenbindung beiträgt, dass aber emotionale Wechselbarrieren einen Faktor von 0,63 beitragen können, wenn es gelingt, solche Wechselbarrieren aufzubauen. Es gibt auch negative Faktoren, wie zum Beispiel der Wunsch des Kunden, einmal etwas Neues zu probieren beziehungsweise die Situation zu verändern oder gute Angebote eines Wettbewerbers. Diese Einflüsse gehen mit −0,41 beziehungsweise mit −0,21 ein. Dies zeigt, wie außerordentlich wichtig es ist, die Beziehung zwischen Kunden und Lieferanten möglichst eng zu gestalten und starke emotionale Barrieren aufzubauen. Es soll dem Kunden leicht gemacht werden, sich weiter für den Lieferanten zu entscheiden. Dieser Aspekt einer starken und emotionalen Beziehung wird sehr oft vernachlässigt. Die Beziehung zwischen Lieferant und Kunde wird sehr oft zu technokratisch gesehen. So werden in den meisten Unternehmen Kundenprofile gebildet und Kunden entsprechend kategorisiert. Dann wird versucht, alle Kunden der gleichen Kategorie gleich zu behandeln. Aus Effizienzgründen mag dies sehr oft sehr viel Sinn machen. Aber führt dies auch zu höherer Kundenzufriedenheit? Wie empfinden wir persönlich, wenn wir in eine bestimmte Schublade gesteckt werden? Sehr oft wird dem Kunden sogar mitgeteilt, in welche Kategorie er gehört. Möchten wir hören, dass es vielleicht Kunden gibt, die wichtiger sind als wir? Möchten wir als Nummer, als Vorgang behandelt werden? Jeder Mensch schätzt es, wenn man ihn als Individuum behandelt, auch dann, wenn er den gleichen Service erhält wie viele andere Kunden auch.

Es gibt drei Elemente, die für eine positive Beziehung sehr wichtig sind:

- Der Mitarbeiter des Kunden wünscht als Erstes, dass unsere Mitarbeiter ihm zuhören (siehe hierzu auch Kapitel 5.5). Er möchte das Gefühl haben, dass er wichtig für uns ist, wir ein echtes Interesse an seinen Problemen haben, seine Anforderungen verstehen wollen und alles tun werden, was nötig ist, um ihm zu helfen beziehungsweise ihn erfolgreich zu machen.

- Er möchte, dass wir ihm vertrauen, wenn er Aussagen macht beziehungsweise uns Informationen gibt, und dass er uns und unseren Aussagen vertrauen kann.

- Er möchte mit Respekt und Würde behandelt werden.

Er möchte, dass wir seine einzigartigen Fähigkeiten, seine Ziele, aber auch seine Begrenzungen respektieren. Es ist äußerst kontraproduktiv, dem Mitarbeiter des Kunden das Gefühl zu geben, dass wir eigentlich lieber mit jemand anderen verhandeln würden. Es kann natürlich Situationen geben, wo dies unumgänglich ist, aber wir müssen uns dann klar sein, dass wir diese Beziehung abschreiben können. Dieser Mitarbeiter wird sich uns gegenüber bestenfalls neutral verhalten.

Diese Wertschätzung macht auch die Qualität unserer Beziehungen im privaten und beruflichen Umfeld aus.

5.2.2 Wert des Kunden

Die Frage, ob Kunden loyal sind, wird noch wichtiger, wenn wir uns ansehen, wie man Kunden betrachten und entwickeln kann. Bei diesem Konzept geht es darum zu verstehen,

- welchen Wert unsere Leistung für das Geschäft des Kunden darstellt und

- welchen Wert der Kunde für uns darstellt, wenn wir das gesamte Volumen sehen, das der Kunde mit uns über viele, viele Jahre abwickeln kann.

Diese Konzepte erzwingen eine ganz andere Sicht der Beziehung zwischen Kunden und Unternehmen und sie können das Verhalten auf beiden Seiten total verändern.

Wenn wir verstehen wollen, welchen Wert unsere Beiträge für den Kunden darstellen, dann müssen wir uns wesentlich intensiver mit den Geschäftsmodellen des Kunden beschäftigen und verstehen, welchen möglichst optimalen Beitrag wir in der Wertschöpfungskette des Kunden erbringen können. Dies setzt voraus, dass wir die Ziele des Kunden kennen und uns damit identifizieren. Es bedeutet auch, dass der Kunde unseren Mitarbeitern vertraut, damit er bereit ist, sensitive Informationen mit uns besprechen. Der Kunde muss sicher sein, dass diese Informationen unter keinen Umständen an Dritte weitergegeben werden.

Ein Beispiel für ein kundenorientiertes Konzept, bei dem die Wertschöpfung beim Kunden im Vordergrund steht, mag dies erläutern: Ein Bereich von Honeywell in Europa verfolgt dies bereits relativ konsequent. Die Vertriebsleute von Honeywell werden nicht mehr am Umsatz von Honeywell mit den Kunden gemessen. Sie werden am Umsatz des Kunden mit deren Kunden gemessen, wobei die vom Honeywell-Kunden vertriebenen Produkte Komponenten von Honeywell enthalten. Welch ein Unterschied. Dieses Konzept erzwingt fast, dass sich die Vertriebsleute von Honeywell voll mit dem Geschäft der Kunden identifizieren. Sie haben ein natürliches Interesse daran, dass der Kunde erfolgreich ist, und sie werden dem Kunden jede Form an Unterstützung geben. Nach Aussagen von Honeywell ist dieses Konzept sehr erfolgreich. Die ursprünglichen Befürchtungen, dass die Vertriebsleute ihren Fokus verlieren, hat sich nicht bewahrheitet. Im Gegenteil, durch eine starke Umsatzausweitung auf Kundenseite sind die Umsätze von Honeywell auch überproportional gestiegen. Dieses Konzept ermöglicht eine echte Win-Win-Situation. Können wir uns vorstellen, welche Energien hier auf beiden Seiten freigesetzt werden können?

Das zweite Konzept behandelt die Frage, wie viel Umsatz wir potenziell mit dem Kunden über die gesamte Laufzeit der Beziehung erzielen können.

Ich kenne einen Hotel- und Restaurantbesitzer, der dieses Konzept bereits sehr erfolgreich umsetzt. Ein Kunde in seinem Restaurant wird nicht einfach behandelt wie ein 100- oder 200-Euro-Kunde. Der Hotelbesitzer und seine Mitarbeiter analysieren den Kunden und beurteilen ihn nach seinem Potenzial über zehn, 20, 30 Jahre gesehen. Abhängig davon, ob es ein Privatkunde oder ein Geschäftskunde ist, kann dies zu einem Volumen von 20.000 Euro bis zu einer Million Euro führen. Dies gibt dem Hotel- und Restaurantbesitzer, aber insbesondere auch seinem Personal eine komplett unterschiedliche Perspektive und Einstellung zu diesen Kunden.

Würden wir unsere Kunden bei dieser Betrachtungsweise nicht komplett anders behandeln und die Geschäftsbeziehung nicht ganz anders gestalten? Wo würde unser Unternehmen stehen, wenn jeder Mitarbeiter verstehen würde, wie viel Umsatz wir mit den einzelnen Kunden über die gesamte Laufzeit der Beziehung potenziell machen können? Würden unsere Mitarbeiter nicht Berge versetzen, um diese Beziehung mit dem Kunden aufrecht zu halten und zu verbessern? Wie sieht die Realität aus? Haben wir nicht selbst als Kunden manchmal das Gefühl, dass wir eigentlich gar nicht willkommen sind, dass man froh ist, wenn es zu keinem Geschäftsabschluß gekommen ist? Gilt dies nur für die anderen Unternehmen oder vielleicht auch manchmal für unser Unternehmen?

Beide Konzepte erfordern eine enge und vertrauensvolle Zusammenarbeit zwischen den Mitarbeitern des Kunden und den Mitarbeitern des Unternehmens. Konsequent angewandt können sie enorme Chancen auf beiden Seiten bieten.

5.3 Veränderungsbereitschaft

Marc Twain stellte einmal fest: *Der Mensch mag den Fortschritt, aber er mag keine Veränderung.* Diese Aussage eines guten Menschenkenners zeigt die ganze Problematik auf. Aber diese einfache Wahrheit wird von den meisten Managern verdrängt. In aller Regel werden immer wieder nur Appelle ausgesprochen, dass jeder Mitarbeiter für Veränderungen offen sein muss. Aber mit Appellen kommt man hier nicht weiter. Wenn man sich die Realität anschaut, muss man den Schluss ziehen, dass dieses Thema in der Grundproblematik nicht oder nicht vollständig verstanden wird. Es ist daher notwendig, das Thema Veränderung näher zu betrachten und zu überlegen, warum Mitarbeiter Veränderungen ablehnen und wann Veränderungen von den Mitarbeitern unterstützt werden.

Wir alle haben die Erfahrung gemacht, dass Veränderungen in aller Regel Spaß machen, wenn wir sie selbst treiben beziehungsweise gestalten können, dass wir es aber nicht mögen, wenn uns Veränderungen aufgezwungen werden beziehungsweise wenn wir keinen Einfluss auf sie haben. Wir tendieren dann dazu, sie abzulehnen.

Wir müssen akzeptieren, dass dieses Verhalten in der menschlichen Natur begründet und von daher nicht zu verurteilen ist. Dies wird sich auch nicht durch noch so massiven Druck verändern. Es bedeutet, dass wir nur dann eine hohe Veränderungsbereitschaft erreichen können, wenn die Mitarbeiter die Notwendigkeit für Veränderung selbst sehen und sie diese dann auch wollen.

Natürlich gibt es auch Situationen, wo dieses Prinzip nicht angewandt werden kann. Entscheidungen wie zum Beispiel ein Firmenzusammenschluss können nur an der Unternehmensspitze diskutiert und beschlossen und umgesetzt werden. Aufgezwungene Veränderungen setzen aber dann voraus, dass das Management durch früheres Verhalten eine hohe Glaubwürdigkeit genießt. Die Belegschaft muss dem Management einen Vertrauensvorschuss geben, das Richtige zu tun. Der betroffene Mitarbeiter muss wissen, dass eine solche einschneidende Maßnahme im Interesse des Unternehmens liegt und dass seine Interessen gesehen werden und entsprechend bei der Abwicklung Berücksichtigung finden. Aufgezwungene Veränderungen sollten aber die Ausnahme und nicht die Regel sein. Wenn die Glaubwürdigkeit nicht gegeben ist, dann wird jede aufgezwungene Veränderung abgelehnt, ob uns dies nun gefällt oder nicht.

Solange wir kein Klima des Vertrauens schaffen, in der das Management eine hohe Glaubwürdigkeit aufbauen kann, wird es keine Basis dafür geben, dass Organisationen sich schnell und effektiv auf veränderte Marktkonditionen anpassen. Ziel muss es sein, die Mitarbeiter in die Lage zu versetzen, selbst die Notwendigkeit für Veränderungen zu erkennen und die notwendigen Maßnahmen zu ergreifen. Dies setzt natürlich voraus, dass die Mitarbeiter über das Wissen verfügen, das solche Erkenntnisse zulässt. Auch mangelndes Wissen führt automatisch zu Widerstand. Mitarbeiter wollen verstehen, warum Maßnahmen notwendig sind, die ihre Lebensumstände massiv beeinflussen können.

In Unternehmen mit einer proaktiven Kultur ist die Notwendigkeit Mitarbeiter abzubauen relativ gering, da sich das Unternehmen immer wieder rechtzeitig anpasst. Ich kenne einige Firmen, auch solche, die in schwierigen Branchen operieren zum Beispiel in der Bauindustrie, die erfolgreich sind und wo Entlassungen bisher weitestgehend vermieden werden konnten. Natürlich besteht auch bei diesen Unternehmen und gerade bei diesen Unternehmen die Notwenigkeit für permanente Veränderungen, Anpassungen und Restrukturierungsmaßnahmen. Es dürfte klar sein, dass eine solche Kultur nicht von allein kommt. Es erfordert eine Führungskultur, die eine Wollenkultur ermöglicht und die Mitarbeitern die Chance und den Freiraum gibt, den Herausforderungen des Marktes und der technologischen Veränderungen proaktiv und schneller als der Wettbewerb zu begegnen. Würde eine solche Kultur nicht sicherstellen, dass sich die Organisationen immer wieder von innen selbst erneuern? Es erfordert Manager mit starken Führungsqualitäten. Manager (Leader) wie sie im Buch „The Leadership Challenge" von Kouzes und Posner beschrieben sind.

In den Abbildungen 46 und 47 wird in einer Übersicht dargestellt, bei welchen Situationen die Mitarbeiter eine Veränderungsmaßnahme unterstützen und wann sie sie ablehnen.

Mitarbeiter unterstützen Veränderungen, wenn

- sie die Veränderung selbst initiieren
- sie die Notwendigkeit einer Veränderung verstehen
- sie glauben, dass die Veränderung Sinn macht und in die richtige Richtung geht
- sie die Möglichkeit hatten, ihre Ideen und Vorstellungen einzubringen
- sie vertrauen der Person, die die Veränderungen plant, und ihr eine große Wertschätzung entgegen bringen

Abbildung 46

Mitarbeiter lehnen Veränderungen ab, wenn

- die Veränderungen aufgezwungen werden
- sie keinen Einfluss auf die Entscheidung haben
- sie glauben, dass die Veränderungen nicht notwendig sind
- sie befürchten, dass die Veränderungen vielleicht negative Auswirkungen auf sie haben
- die Veränderungen in einer nicht angemessenen Art angekündigt und eingeführt wurden
- sie keine Zuversicht haben, dass die Veränderung erfolgreich sein wird
- sie sich manipuliert fühlen
- sie die Zeitplanung für unrealistisch halten
- sie feststellen, dass es nicht genügend Personal für die Umsetzung gibt

Abbildung 47

Im Folgenden führe ich einige Hinweise und Empfehlungen auf, die beim Umgang mit Veränderungen hilfreich sind:

- Beziehe immer die Mitarbeiter ein, die von der Veränderung betroffen sind (bei der Planung, im Entscheidungsprozess, bei der Zeit- und Ressourcenplanung ...)

- Kommuniziere die Vision für die Veränderung und erkläre die Sinnhaftigkeit

- Stelle alle benötigten Informationen zur Verfügung, um die Veränderung zu verstehen (Kunden- und Marktdaten, Wettbewerbsdaten, Kosteneffekte, geplante Benefits, was ist, wenn ...)

- Gib den Mitarbeitern eine wirkliche Chance und Zeit, die Veränderungen zu verstehen und zu verarbeiten

- Gestalte die Rahmenbedingungen so, dass die Mitarbeiter die Notwendigkeit für die Veränderungen selbst erkennen und in der Konsequenz diese Veränderungen dann selber wollen

- Teile den Mitarbeitern offen und ehrlich mit, was Du glaubst, welche Auswirkungen die Veränderungen für die Mitarbeiter haben werden

- Höre sorgfältig auf die Reaktionen

- Stelle sicher, dass die Ziele und Verantwortlichkeiten und der Zeitrahmen kommuniziert, verstanden und akzeptiert sind

- Sei während der Veränderungen verfügbar und ansprechbar

- Erwarte Widerstand (das ist normal), behandle Widerstand als ein Problem und nicht als eine schlechte Charaktereigenschaft

- Identifiziere Mitarbeiter, die die Veränderung unterstützen und die bei den Mitarbeitern über eine hohe Glaubwürdigkeit verfügen

- Mache deutlich, dass diese Mitarbeiter (Change Agents) sehr geschätzt werden und für das Unternehmen sehr wichtig sind

- Suche frühe Erfolge zu erzielen, erkenne sie an und gib die Möglichkeit, diese zu feiern

- Halte regelmäßige Review-Besprechungen ab, auf denen der Fortschritt festgestellt wird und auf denen Korrekturmaßnahmen festgelegt werden, falls diese notwendig werden sollten

Das Thema Veränderungsmentalität spielt heute eine besondere Rolle. Manchmal gewinnt man den Eindruck, als ob dies ein neues Thema ist. Aber Widerstände gegen Veränderungen gab es schon immer. Abraham Maslow stellte schon 1950 fest: „Wir brauchen andere Menschen, Menschen, die sich über Veränderungen freuen, die fähig sind zu improvisieren, die selbstbewusst, mutig und fähig sind, mit Situationen fertig zu werden, für die es keine Vorwarnungen gibt."

Eine Feststellung, die wir sicherlich ähnlich sehen. Wir können uns zwar andere Menschen wünschen, aber wir werden das Verhalten und die Einstellung von Menschen nur dann beeinflussen, wenn wir Rahmenbedingungen schaffen, die den menschlichen Bedürfnissen und Ansprüchen gerecht werden.

5.4 Lernende Organisation

Es ist heute in der Wissensgesellschaft wichtiger denn je, dass in Unternehmen eine Kultur herrscht, in der der Einzelne und die Organisation permanent lernen. Zu dem Thema lernende Organisation gibt es viele Publikationen.

Aus meiner Sicht wird viel zu viel Gewicht auf technische Infrastruktur und Prozesse gelegt. So sehr ich auch darin übereinstimme, dass eine gute technische Infrastruktur, wie zum Beispiel Wissensmanagement Werkzeuge und dazu gehörige Prozesse verfügbar sind und angewandt werden, so ist doch etwas anderes wesentlich wichtiger.

Wenn Mitarbeiter aus eigener Erkenntnis verstehen, dass sie mit ihrem Wissen wettbewerbsfähig, eigentlich sogar besser als der Wettbewerb sein müssen, dass sie in ihrem Arbeitsgebiet die Besten sein müssen, dass sie gewinnen müssen, um erfolgreich zu sein, dann werden sie zwangsläufig die Notwendigkeit für permanentes Lernen sehen. Wenn diese Einstellung vorhanden ist, dann ist es auch relativ leicht, unterstützende Technologien zu implementieren, da der Bedarf gesehen wird und diese Werkzeuge helfen, diesen Bedarf zu decken.

Neben dem individuellen Lernen ist es wichtig, dass auch die gesamte Organisation lernt. Doch ohne individuelles Lernen macht auch die Organisation insgesamt keine Fortschritte.

Professor Dr. Manfred Spitzer von der Universität Ulm, bekannt für seine Publikationen zum Thema Lernen, sagt in seinem Buch „Lernen, Gehirnforschung und die Schule des Lebens": *„Gelernt wird immer dann, wenn positive Erfahrungen gemacht werden, wobei positive Erfahrung schlechthin in positiven Sozialkontakten besteht. Angst hingegen hemmt kreative Prozesse. Große Angst bewirkt zwar rasches Lernen, ist jedoch kognitiven Prozessen insgesamt nicht förderlich und verhindert zudem genau das, was beim Lernen erreicht werden soll: Es geht nicht um das Lernen eines einzelnen Faktums, sondern um die Verknüpfung des neu zu lernenden mit bereits bekannten Inhalten und um die Anwendung des Gelernten auf viele Situationen und Beispiele. "*

Wichtig ist, dass über das individuelle Lernen hinaus die Einzelnen ihr Wissen teilen, sei es direkt mit den Kollegen oder indem sie es in entsprechenden Datenbanken ablegen. Aber auch dieses Teilen wird nur erfolgen, wenn die Rahmenbedingungen dies unterstützen (siehe hierzu auch Kapitel 5.6).

Das Wissen und die Erfahrung, insbesondere wenn es um Beziehungserfahrungen und Prozesserfahrung geht, ist in den Köpfen der Mitarbeiter, wobei dies den Mitarbeitern sehr oft sogar nicht bewusst ist. Wichtig ist, dass zwischen den Mitarbeitern ein reger Austausch an Wissen und Erfahrungen erfolgt und dass die Mitarbeiter aus den gemachten Erfahrungen lernen können (siehe hierzu auch Kapitel 4.4. Erfolg und Misserfolg).

In Unternehmen, in denen es Gruppen mit gleicher Aufgabenstellung gibt, zum Beispiel in internationalen Organisationen die Landesgesellschaften beziehungsweise entsprechende Unterorganisationen, ist es auch sehr hilfreich, den Besten in diesen Gruppen, was nicht unbedingt heißt den Managern, die Möglichkeit zu geben, ihre Erfahrungen und „best practices" auszutauschen und daraus dann neue Verbesserungsprojekte zu entwickeln. Das darin liegende enorme Potenzial wird meines Erachtens viel zu wenig genutzt, da dies sehr oft an vordergründigen Kostenargumenten wie zum Beispiel zu hohen Reise-kosten scheitert.

Man sollte hier auch nicht unterschätzen, dass Vorschläge für Verän-derungen, die von den besten Mitarbeitern mit einer hohen Reputati-on ausgehen, von den anderen Mitarbeitern in den Teams viel leichter und schneller akzeptiert werden und damit Veränderungsprojekte viel schneller umgesetzt werden können.

5.5 Kommunikation

Kommunikation ist ein schwieriges Thema. Jeder von uns kommuni-ziert jeden Tag mal mehr, mal weniger. Relativ häufig stellen wir fest, dass das, was wir gesagt haben beziehungsweise was wir sagen woll-ten, gar nicht oder falsch angekommen ist. Wie im Kapitel 3.8 bereits erwähnt, sind die Mitarbeiter auch meistens mit der Informations-menge und der Art der Kommunikation nicht zufrieden. Obwohl uns dies alles bekannt ist, muss man feststellen, dass sich in unserer Ein-stellung zur Kommunikation kaum etwas ändert. Wir benutzen jetzt vielleicht neue und andere Medien, ob aber immer mit besserem Er-folg sei dahin gestellt. Mein Eindruck ist, dass viele Manager und Mitarbeiter einige wesentliche Elemente der Kommunikation nicht kennen beziehungsweise zumindest nicht anwenden.

■ Transaktionsmodell

Jede Form einer Kommunikation findet in dem Transaktionsmodell auf drei Ebenen statt.

Sehr oft kommunizieren wir (Manager und Mitarbeiter) in dem Mo-dus „Eltern" mit dem Gegenüber, ohne dass wir uns dessen bewusst sind. Die Einstellung hinter diesem Modus heißt: Ich sage dir jetzt, was du tun musst. In dem Transaktionsmodell bedeutet dies, dass die Kommunikation abläuft wie zwischen Eltern und Kind. Wie wir uns denken können, wird dies von dem „Kind" nicht besonders geschätzt. Wie oft läuft nicht in der Praxis zwischen Manager und Mitarbeiter die Kommunikation genau in dieser Weise ab.

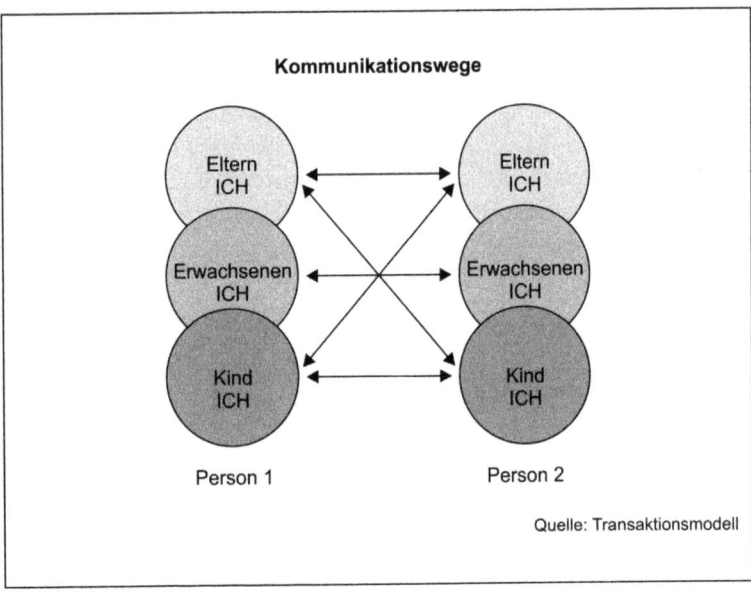

Abbildung 48

Sehr oft beschweren sich auch Personen, dass man sie nicht gut behandelt. Dies rührt dann sehr oft aus einer Kommunikation im „Kind"-Modus, wo das „Kind" sich bei den „Eltern" beschwert. Dies führt wiederum dazu, dass die „Eltern", sei es nun der Kollege oder der Manager, unbewusst den Eindruck gewinnen, dass sie es mit einem „Kind" zu tun haben und dieses dann auch entsprechend behandeln, was wiederum vom „Kind" nicht geschätzt wird. Sobald die Kommunikation nicht auf der gleichen Ebene verläuft, führt dies zwangsläufig zu Missverständnissen. Dies kann zu massiven nachhaltigen Beziehungsproblemen führen. Das Tragische ist, dass wir so Widerstände erzeugen, die nur in der Form der Kommunikation und in der Einstellung begründet liegen, obwohl es in der Sache vielleicht überhaupt keine Probleme gibt. Es sollte deshalb angestrebt werden, immer auf der gleichen Ebene zu kommunizieren, also in der Geschäftswelt von Erwachsenem zu Erwachsenem nach dem Motto: Ich bin o.k., du bist o.k.

■ Kommunikationsmedien

Ich bin immer wieder überrascht, wenn Manager glauben, dass sie nur alle Informationen ins Web stellen müssen oder über E-Mail mit einem Verteiler an alle schicken, damit diese Informationen dann von den Mitarbeitern gelesen, verstanden und angewandt werden. Es wird einfach nicht gesehen, dass es einen großen Unterschied zwischen Information und anwendbarem Wissen gibt. Weiterhin nicht, dass es einen erheblichen Unterschied macht, wie eine Information vermittelt wurde, ob sie gelesen oder gehört wurde oder in einer Kombination von gehört und gelesen vermittelt wurde. Dies sind keine neuen Erkenntnisse. Konrad Lorenz hat dies bereits vor vielen Jahren formuliert. In etwas abgewandelter Form kann dies der nachfolgenden Abbildung 49 entnommen werden.

Kommunikation

gesagt *bedeutet nicht* gehört

gehört *bedeutet nicht* verstanden

verstanden *bedeutet nicht* zugestimmt

zugestimmt *bedeutet nicht* umgesetzt

umgesetzt *bedeutet nicht* fortwährend ausgeführt

in Anlehnung an *Konrad Lorenz*

Abbildung 49

Es ist deshalb Aufgabe jeder effektiven Kommunikation, dass die Zusammenhänge verstanden werden und eine Form der Kommunikation gewählt wird, die sicherstellt, dass aus Information anwendbares Wissen werden kann.

Die Forschung zeigt, dass gelesene Information nur zu zehn Prozent aufgenommen wird und wieder abrufbar ist. Falls die Information durch Zuhören aufgenommen wurde, liegt die Wahrscheinlichkeit, dass die Information wieder abgerufen werden kann, bei 20 Prozent.

Bei einer Präsentation mit zusätzlicher visueller Darstellung liegt die Wahrscheinlichkeit bei 70 Prozent.

Was bleibt haften?

10 Prozent was man liest
20 Prozent was man hört
30 Prozent was man sieht
70 Prozent was man sieht und hört
90 Prozent was man selbst tut

Focus 2002

Rede zu mir und ich vergesse es.
Zeige es mir und ich werde mich erinnern.
Lass es mich tun und ich werde es wissen.

Konfuzius

Abbildung 50

Dies sind natürlich nur Durchschnittswerte. Sie können im Einzelnen sehr stark davon abhängen, wie interessant die Information für den Betroffenen ist und ob die neue Information mit dem vorhandenen Wissen verknüpft werden kann. Jede Information ist für jeden Einzelnen von unterschiedlichem Interesse und daher werden auch unterschiedliche Informationen verarbeitet und bleiben gegebenenfalls haften.

Wie bereits zu Konfuzius' Zeiten bekannt, besteht die sicherste Methode, Informationen zu vermitteln, darin, den Menschen die Chance zu geben, sich die Informationen und das Wissen selbst zu erarbeiten.

Diese Erkenntnisse decken sich auch mit meinen persönlichen Erfahrungen und Beobachtungen. Nur etwa 50 Prozent aller Informationen, die über E-Mail verteilt werden, werden überhaupt gelesen. Circa 30 Prozent davon wird verstanden und davon wiederum nur 30 Prozent wird auch verarbeitet und kann dann angewandt werden. Dies bedeutet, dass nur ca. fünf Prozent der ursprünglich versandten Information überhaupt zur Anwendung kommen kann. Was noch dazu kommt, ist, dass natürlich die Mitarbeiter unterschiedliche Sachen lesen und verarbeiten, sodass unter dem Strich fast nichts mehr übrig bleibt, was von allen in gleicher Weise angewandt werden könnte. Und dann wundern wir uns, dass viele der Strategien nicht umgesetzt werden. Das Tragische ist, dass die meisten Manager unterstellen, dass ihre Mail natürlich gelesen und dann auch umgesetzt wird.

Information muss verarbeitet werden und dafür müssen wir ausreichend Zeit und Gelegenheit einräumen. Wir müssen verstehen, dass jede Information für jeden Mitarbeiter etwas anderes bedeutet, da jeder die Information an seinem persönlichen Wissen und seinen Erfahrungen spiegelt. Wenn wir nicht so kommunizieren, dass Informationen zu anwendbarem Wissen werden und von allen Mitarbeitern auch gleich verstanden und umgesetzt werden, dann können wir uns die Kommunikation sparen.

Ich möchte diese Schwierigkeiten am Beispiel der Spezifikation erläutern. Bei einer Spezifikation kann man unterstellen, dass sie von den Betroffenen gelesen wird.

In unzähligen Diskussionen wurde ich mit der Frage konfrontiert, ob dies oder jenes Bestandteil einer Spezifikation war oder nicht. Oft führte dies sogar zu hitzigen Diskussionen, weil die Betroffenen nicht verstehen konnten, warum ihre Position nicht geteilt wurde. Sehr oft wurde sogar unterstellt, dass die andere Seite die eigene Position bewusst nicht verstehen wollte. Es war doch alles klar. Es stand doch alles in der Spezifikation.

Diese Diskussionen sind insbesondere im Projektgeschäft im Verhältnis zwischen Kunde und Lieferant von großer Bedeutung. Hier gibt es neben den Kommunikationsproblemen durchaus auch eine natürliche entgegengesetzte Interessenlage. Der Kunde möchte einen möglichst großen Leistungsumfang für einen gegebenen Preis und der Lieferant möchte den Lieferumfang möglichst klein halten. Die Frage ist dann, was war in der Spezifikation vereinbart. In der Abbildung 51 wird die Problematik schematisch dargestellt.

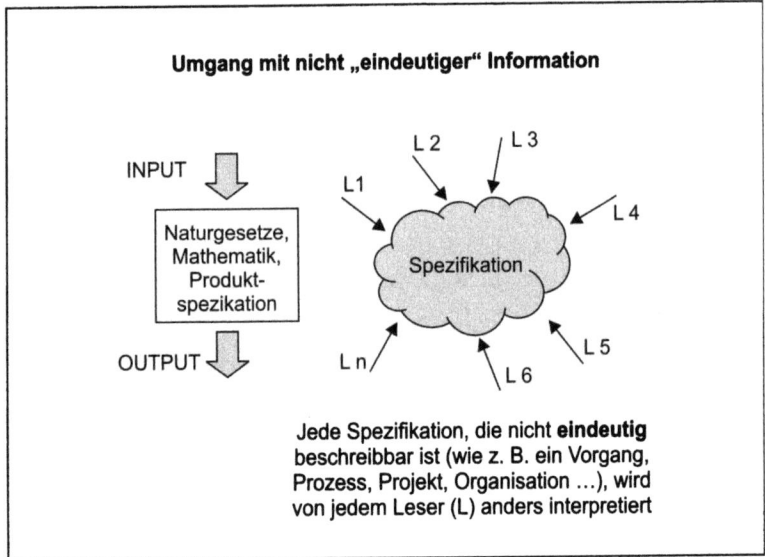

Abbildung 51

Im Falle eines Produktverkaufs ist die Situation einfacher zu handhaben. Auch hier kann es Differenzen über die Auslegung der Spezifikation geben. Wenn die Produktdokumentation aber gut und komplett ist und das Produkt nicht überverkauft wurde, dann gibt es in der Regel keine Probleme. Darüber hinaus kann die Funktionalität dann auch vorgeführt und getestet werden. Aber für Projekte und für Vorhaben, die erst noch realisiert werden sollen und die nicht eindeutig – zum Beispiel durch physikalische Gesetze oder durch eineindeutige Zeichnungen – beschrieben werden können, ist es ganz normal, dass jeder Leser einer Spezifikation ein unterschiedliches Verständnis vom Inhalt der Spezifikation hat, da er sie an seinem eigenen Wissen und seinen Erfahrungen spiegelt.

Deshalb muss ein besonderer Aufwand getrieben werden, um dieses gemeinsame Verständnis zwischen allen am Projekt Beteiligten herzustellen und die unterschiedlichen Standpunkte zu synchronisieren. Sehr oft haben Projekte dann auch noch eine Laufzeit, die über mehrere Monate oder sogar Jahre geht. Dies führt dazu, dass natürlich das Wissen und die Erfahrungen, aber auch die Perspektive der Beteiligten sich ändern, was wiederum die Notwendigkeit zu einer kontinuierlichen Synchronisierung des Verständnisses der Beteiligten erforderlich macht. Darüber hinaus kann sich auch die Interessenlage der Beteiligten ändern, entweder begründet durch persönliche Interessen oder durch eine Veränderung der Interessen des Kunden beziehungsweise des Lieferanten.

Hieraus wird ersichtlich, wie wichtig und wie schwierig eine effektive Kommunikation ist, die sicherstellt, dass alle Beteiligten ein gleiches Verständnis bekommen und behalten. Aus meiner Sicht ist diese permanente Synchronisierung die wichtigste und schwierigste Aufgabe für das Projektmanagement. Diese Aufgabe wird in aller Regel total unterschätzt. Sie ist auch eine der wesentlichen Gründe, warum so viele Projekte schief gehen.

Es wäre sehr hilfreich, wenn diese Tatsache akzeptiert würde und man den entsprechenden Aufwand am Anfang des Projektes investieren würde. Sehr oft wird dieses Problem erst entdeckt, wenn das Projekt schon Schieflage hat und man dann feststellt, dass es erhebliche Differenzen über den Lieferumfang gibt. Dann allerdings in einer Situation, wo die Nerven schon bis zum Zerreißen angespannt sind und eine Verständigung schwierig ist.

Wir müssen weiterhin verstehen, wie wichtig unsere Körpersprache bei der Weitergabe von Information und Wissen ist. Wir wollen eigentlich nicht akzeptieren, dass unsere Gefühle überragende Bedeutung haben. Wir möchten rational erscheinen. Aber wir können unsere Emotionen nicht verbergen. Falls wir versuchen, jemand anders zu sein, oder wir versuchen eine Nachricht zu vermitteln, an die wir selbst nicht glauben, wird uns unsere Körpersprache verraten. Und es gibt nichts Schlimmeres, als wenn wir A sagen und unsere Körpersprache B sagt. Wir haben bereits besprochen, wie wichtig Glaubwürdigkeit für einen Manager ist. Deshalb ist es absolut notwendig, dass wir das, was wir sagen, auch wirklich meinen. Da die Körpersprache so wichtig ist, wird auch klar, dass Informationen, die persönlich kommuniziert werden, eine wesentlich höhere Chance haben, behalten zu werden.

Nun, was sind die wesentlichen vitalen Aspekte, wie man seine Kommunikation verbessern kann? Diese können Abbildung 52 entnommen werden.

Wie verbessert man die Kommunikation?

- Sei offen und ehrlich
- „Walk the talk"
- Lerne zuzuhören
- Denke über die potenziellen Konsequenzen nach, bevor du kommunizierst
- Kommuniziere nicht nur, wenn du etwas haben willst, sondern regelmäßig (gute und schlechte Nachrichten)
- Verstehe was nötig ist, damit der Empfänger die Information nicht nur hört oder liest, wirklich versteht und bereit und fähig ist, dies auch umzusetzen
- Manage „by walking around"
- Hatte schriftliche Kommunikation so kurz und einfach wie möglich
- Ersetze unproduktive Meetings durch 1-zu-1-Meetings
- Reduziere die Anzahl der Managementebenen und erhöhe die Anzahl der Mitarbeiter/Führungskraft (span of control) auf 1 zu 10
- Akzeptiere und schätze offenes und ehrliches Feedback von Mitarbeitern und Kollegen. Sie nicht defensiv und „don't shoot the messenger"

Abbildung 52

Es dürfte nicht überraschen, dass eine gute und effektive Kommunikation wiederum mit der Frage zu tun hat, ob die Personen, die miteinander kommunizieren, sich vertrauen und ob sie offen und ehrlich miteinander kommunizieren.

Eine entscheidende Fähigkeit in diesem Zusammenhang ist, ob man zuhören kann. Jemandem zuhören zu können ist eine fundamentale Voraussetzung für eine gute Kommunikation. Eine der schlechtesten Dinge, die man tun kann, dem Gegenüber bei einem Gespräch das Gefühl zu geben, nicht zuzuhören, oder noch schlimmer, etwas anderes nebenher zu tun. Es zeigt dem Gegenüber, dass man eigentlich keinen Respekt und keine Wertschätzung hat und nicht wirklich interessiert ist. Selbst am Telefon merkt man, ob die Person auf der anderen Seite wirklich zuhört oder etwas anderes tut. Es ist wesentlich besser, dem Gesprächspartner zu sagen, dass man keine Zeit für ein Gespräch hat, als das Gespräch zuzulassen und nicht zuzuhören.

Wenn man eine Nachricht verschickt, sollte man überlegen:

- Wer sollte die Nachricht bekommen? (Bitte nur im Ausnahmefall „mail to all".)
- Haben die Empfänger alle notwendigen Hintergrundinformationen?
- Was ist nötig, damit die Empfänger die Informationen verarbeiten können?
- Sind die Konsequenzen verstanden und sind alle notwendigen Arbeiten und Dokumente verfügbar, die für eine Umsetzung notwendig sind?

Wie oft habe ich erlebt, dass Vorhaben kommuniziert wurden, aber abhängige Dinge noch nicht entschieden oder noch nicht für eine Umsetzung bereit waren. Dies führte natürlich dazu, dass nichts passierte, mit Ausnahme einer großen Frustration bei den Mitarbeitern, die bereits mit der Umsetzung begonnen hatten.

Wann immer wir kommunizieren wollen, ist es wichtig zu überlegen, wie wir erreichen, dass die Nachrichten nicht nur gehört oder gelesen, sondern auch verarbeitet werden, sodass die geplanten Maßnahmen auch umgesetzt werden können.

In aller Regel geben wir den Mitarbeitern, die von den Maßnahmen am stärksten betroffen sind beziehungsweise die für die Umsetzung wichtig sind, nicht genügend Raum und Zeit um die Informationen zu verarbeiten. Sehr oft werden Themen im Management über Wochen oder Monate diskutiert. Aber nachdem die Entscheidung gefallen ist, erwartet das Management, dass die Mitarbeiter die Entscheidung sofort akzeptieren und mit der Umsetzung beginnen. Dies ist nicht nur unrealistisch, sondern auch gegenüber den Betroffenen nicht fair. Ich habe gute Erfahrungen damit gemacht, Informationen, die für die Mitarbeiter von großer Bedeutung waren und eine Reaktion erforderten, in Workshops zu besprechen. Den Mitarbeitern wird damit die Möglichkeit gegeben, die neuen Informationen zu verarbeiten und mit dem bestehenden Wissen zu verknüpfen. (Siehe hierzu auch Kapitel 5.6.)

Wie bereits erwähnt, ist es von großer Bedeutung, dass den Mitarbeitern auch die Möglichkeit eingeräumt wird, die Rahmen- und Umgebungsbedingungen zu verstehen. Regelmäßige Kommunikation ist hier der Schlüssel. Wir sollten nicht nur dann kommunizieren, wenn wir etwas von den Mitarbeitern wollen, zum Beispiel schlechte Finanzzahlen, weil wir Mitarbeiter abbauen wollen und wir die Gründe dafür geben wollen. Mitarbeiter werden uns nicht glauben. Nur dann, wenn wir regelmäßig kommunizieren, ist es möglich, dass die Mitarbeiter die Informationen selbst in einen gewissen Kontext stellen können. Reine Zahlen sagen nicht viel aus. So können zwei Prozent Wachstum eine gute Zahl sein, wenn der Markt schrumpft und zehn Prozent Wachstum können schlecht sein, wenn der Markt um 20 Prozent wächst. Wir müssen den Mitarbeitern die Möglichkeit geben, diese Wertung selbst vorzunehmen. Es ist wichtig, dass die Mitarbeiter in alle vermittelten Informationen ein hohes Vertrauen haben, da dies die Voraussetzung für eine hohe Veränderungsbereitschaft ist.

Wenn wir mit Mitarbeitern sprechen wollen, sollten wir nur im Ausnahmefall die Mitarbeiter in unser Büro bitten. Wenn irgend möglich, sollten wir den Mitarbeiter an seinem Arbeitsplatz aufsuchen. Damit zeigen wir unsere Wertschätzung und unseren Respekt und dass uns das Gespräch wichtig ist. Darüber hinaus erhalten wir auf diese Art Informationen, die authentischer und ehrlicher sind.

Wir sollten ebenfalls die Form und die Anzahl unserer Besprechungen überprüfen. So können nach meiner Erfahrung viele Besprechungen, an denen viele Mitarbeiter teilnahmen, sehr gut und oft besser in Besprechungen mit einzelnen Mitarbeitern abgehalten werden. Es ist niemals gut, einen einzelnen Mitarbeiter mit seinem Fehlverhalten vor anderen Mitarbeitern zu konfrontieren. Falls man schriftlich kommunizieren will, dann sollte man die Nachricht einfach und kurz abfassen. Falls zum Verständnis Hintergrundinformationen notwendig sind, dann sollte ein Zugriff möglich sein. Höheres Management hat oft keine Ahnung, wie viel Nachrichten und/oder Briefe überhaupt gelesen werden. Ich höre immer wieder Aussagen wie: „Wenn ich jede Nachricht lesen würde, die ich erhalte, dann könnte ich meinen Job nicht mehr machen." Das würde manchmal bis zu 50 Prozent der Zeit verbrauchen. Wir müssen mehr Wert darauf legen, Informationen selektiv zu versenden, um eine Informationsflut für den Einzelnen zu verhindern.

Wir erleben zurzeit einen unglaublichen Anstieg an Informationen. Die modernen Medien, sei es das Internet oder die mobile Kommunikation, erlauben einen Zugriff durch jedermann, zu jeder Zeit und an jedem Ort. Wir werden geradezu mit Informationen überschwemmt, und es ist unmöglich, all die Informationen aufzunehmen, geschweige denn zu verarbeiten. Wir wissen nicht mehr, was davon wir wissen müssen, was falsche Informationen sind und wie wir was verarbeiten können.

Am Anfang wurde die Entwicklung sehr euphorisch gesehen, dass Informationen in einem solchen Umfang verfügbar waren. Informationen und Wissen waren nicht mehr nur einem kleinen Kreis zugänglich. Die neuen Medien haben diese Grenzen aufgehoben, und man muss heute davon ausgehen, dass im Prinzip jeder auf jede Information zugreifen kann. Aber die negativen Seiten wurden nicht gesehen. Man versuchte, dieser Informationsflut durch technische Lösungen Herr zu werden. Dies führte allerdings nicht zu den erwarteten Ergebnissen, manchmal wurde es dadurch sogar noch schlimmer. Der Wert jeder einzelnen Information ist schwierig zu beurteilen, er verändert sich permanent und nimmt oft über die Zeit ab. Dies bedeutet, dass mehr Information nicht notwendigerweise zu einem besseren Verständnis oder zu einer besseren Orientierung führt. Sehr oft steigt die Unsicherheit sogar.

Deshalb ist es wichtig, dass wir lernen zu unterscheiden und zu beurteilen, welche Information relevant ist, auf welche Information wir uns verlassen können. Hierfür müssen wir als Individuen und als Unternehmen über ein Wertesystem verfügen, an dem wir die Informationen reflektieren können. Es ist entscheidend, dass alle Mitarbeiter, die Entscheidungen treffen, die Hintergründe kennen. Sie müssen verstehen, was Sinn und Zweck des Unternehmens ist und was die Vision und die Ziele und Strategien sind. Nur so können sie all die Informationen beurteilen und können zu den richtigen Schlüssen gelangen.

5.6 Wissensmanagement

Wissensmanagement wird als einer der Schlüssel gesehen, um im Informationszeitalter zu gewinnen.

In der Informationsgesellschaft sind die Schlüsselfaktoren des Erfolges
Information, Wissen, Kreativität.

Es gibt nur eine Stelle, wo man diese Ressourcen findet:
Unsere Mitarbeiter.

Das Humankapital findet einen völlig neuen Stellenwert.

Quelle: John Naisbitt/Patricia Aburdene

Abbildung 53

Wie Alvin Toffler in seinem Buch „Machtbeben" sagt: „Die Macht wird in der Zukunft vom Wissen kommen." Die Herausforderung besteht darin, sich das Wissen anzueignen, das notwendig ist, und dieses Wissen für andere im Unternehmen verfügbar und anwendbar zu machen.

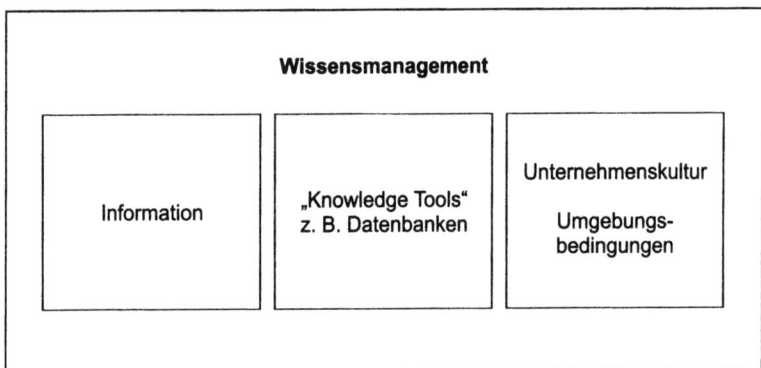

Abbildung 54

Wissensmanagement hat zu tun mit Informationen, mit den Tools, mit denen wir Informationen und Wissen verarbeiten, und mit den Rahmenbedingungen, wie Wissen erarbeitet und entwickelt werden kann, wie Wissen geteilt wird und wie und ob Wissen angewandt wird.

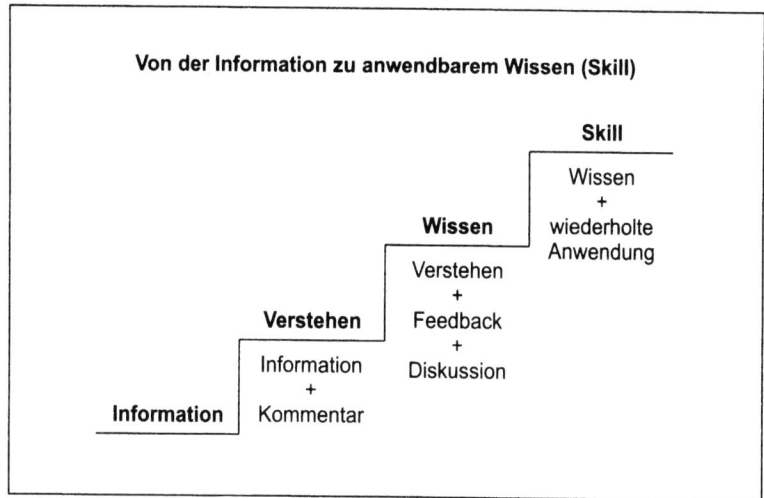

Abbildung 55

Das Ziel muss sein, dass die Mitarbeiter über das Wissen und die Skills verfügen, die notwendig sind, um eine überdurchschnittliche Leistung zu erbringen.

In den letzten Jahren kam das Thema Wissen zunehmend in den Fokus der Unternehmen. Viele Konferenzen sind abgehalten und viele Bücher geschrieben worden. Alle, ob Manager oder Wissenschaftler, sind sich einig, dass das Thema Wissen und Wissenstools im Fokus des Topmanagements sein sollte. Es gibt sehr viele Initiativen und Projekte. Aber die meisten konzentrieren sich auf technische Lösungen wie zum Beispiel Datenbanken. Leider sind die Ergebnisse der meisten Projekte nicht zufriedenstellend. Ich glaube, dass eine technische Infrastruktur sicherlich notwendig, aber bei weitem nicht ausreichend ist.

Nicht wenige Topmanager räumen ein, dass das kollektive Wissen aller Mitarbeiter in einem Unternehmen nicht verfügbar ist. Die Bedingungen in den meisten Unternehmen unterstützen nicht wirklich die Entwicklung von Wissen. Bereits vorhandenes Wissen wird nicht mit anderen geteilt und ist deshalb für das Unternehmen nicht verfügbar. Hierzu tragen viele Manager bei, die ihr Wissen nicht teilen und es benutzen, um ihre Machtbasis zu erhalten. Aber von den Mitarbeitern erwarten sie, dass sie ihr Wissen freizügig zur Verfügung stellen. Wundert es uns da, dass viele Mitarbeiter ebenfalls versuchen, ihr Wissen für sich zu behalten und so ihre Wichtigkeit für das Unternehmen zu erhöhen oder zumindest zu halten? Viele haben noch nicht erkannt, dass die neuen Technologien es nahezu unmöglich machen, Wissen exklusiv für sich zu behalten. Wir müssen unsere Kommunikations- und Wissensmanagementstrategie und unser Verhalten darauf abstellen, dass (fast) alle Informationen zumindest für einige Mitarbeiter verfügbar sind. Das Wissen und die Erfahrungen aber, welche in den Köpfen der Mitarbeiter kollektiv vorhanden sind, stehen nicht generell für das Unternehmen zur Verfügung. Wie oft erleben wir, dass selbst Mitarbeiter, die sich im Büro gegenüber sitzen, ihr Wissen nicht teilen.

Wie können wir erreichen, dass alle Mitarbeiter bereit und willens sind, das vorhandene Wissen mit Kollegen zu teilen und dem Unternehmen zur Verfügung zu stellen? Dies wird nur funktionieren, wenn die Rahmenbedingungen ein Verhalten unterstützen, in denen Mitarbeiter die Notwendigkeit für den Aufbau von Wissen selbst erkennen und sie ihr Wissen freiwillig mit dem Kollegen teilen. Sie müssen verstehen, dass dies in ihrem eigenen Interesse, aber auch im Interesse des Teams und der gesamten Organisation ist. Die wichtigste Komponente hierbei ist wiederum eine ausgeprägte Vertrauenskultur. Alle Elemente, die ich hierzu in vorigen Kapiteln beschrieben habe, sind auch hier anwendbar.

George Por von Community Intelligence Ltd. stellte fest: „Wissen kann nicht gemanagt werden. Es ist die Fähigkeit von Menschen und Gruppen, Wissen in Gesprächen und Diskussionen zu erzeugen und zu erneuern." Eine ähnliche Aussage hat Professor Herbert Simon aus Bonn gemacht. Er sagte: „Echtes Wissen kann nur durch direkte Gespräche übertragen werden."

Die Realität sieht anders aus. Wir glauben, wir schicken eine E-Mail und die Mitarbeiter werden das Geforderte unmittelbar umsetzen. Das funktioniert natürlich nicht (siehe hierzu auch Kapitel 5.5). Wenn wir nicht den Raum und die Zeit geben, wo Mitarbeiter miteinander über diese E-Mail sprechen können, dann ist es sehr unwahrscheinlich, dass die in der E-Mail übermittelten Informationen zu Wissen werden.

Eines der besten Wissensmanagementtools ist die Kaffeestation. Hier sprechen die Mitarbeiter informell miteinander. Es ist dieses „Oh gut, dass ich dich treffe, ich wollte sowieso mit dir reden", das hilft, viele Probleme zu verhindern oder zu lösen. Ähnliches gilt für die Cafeteria. Es ist außerordentlich wichtig, dass Mitarbeiter Gelegenheit haben, sich unplanmäßig zu treffen und miteinander zu reden.

Für nicht wenige Manager ist dies ein großes Problem, da sie nicht wissen, über was da gesprochen wird. Es könnte ja sein, dass die Mitarbeiter über private Themen sprechen (wie zum Beispiel das letzte Fußballspiel) und wäre es da nicht besser, solche Gespräche zu formalisieren, um sicherzustellen, dass nur geschäftliche Themen besprochen werden? Natürlich werden bei diesen informellen Treffen auch private Themen angesprochen. Aber hilft das nicht auch das Vertrauen zwischen den Mitarbeitern zu stärken? Meine Erfahrung ist, dass überwiegend über Business-Themen gesprochen wird. Je höher aber die Motivation und das Engagement der Mitarbeiter ist, umso intensiver werden die Mitarbeiter über das Geschäft reden. Von nichts kommt nichts. Wir müssen in die Gelegenheit investieren, dass Mitarbeiter Wissen austauschen können.

Mir ist ein Projekt bekannt, das von der Universität St. Gallen bei einem großen mittelständischen Unternehmen durchgeführt wurde. Dort gab es vor einer Restrukturierung an einer zentralen Stelle im Unternehmen einen Getränkeautomaten. Es hatte sich so eingespielt, dass im Laufe des Vormittags Mitarbeiter aus allen Unternehmensbereichen dort ihren Kaffee tranken. Eine Untersuchung ergab, dass die Wege dorthin zum Teil relativ lang waren. Deshalb stellte man in jede Abteilung einen Getränkeautomaten auf. Was man total unterschätzt hatte, war die Tatsache, dass dieser zentrale Automat eine Informationsdrehscheibe für viele Abteilungen war. Nach der Änderung brach die informelle Kommunikation, die für dieses Unternehmen sehr wichtig war, zusammen, was zu massiven Problemen führte, auch in Bezug auf die wirtschaftliche Situation des Unternehmens. Man hatte nicht verstanden, dass in diesem Unternehmen die informelle Kommunikation außerordentlich wichtig war. Das Unternehmen stellte dann die alte Situation schnell wieder her.

Natürlich glaube auch ich, dass Unternehmen gut daran tun, sich von der informellen Kommunikation nicht zu abhängig zu machen. Aber wir müssen erkennen und akzeptieren, dass es in jedem Unternehmen informelle Informationsflüsse gibt, die sehr wichtig sind. Informeller Informationsfluss ist auch entscheidend für die Fähigkeit einer Organisation, sich schnell auf veränderte Marktbedingungen einzustellen.

Aus meiner Sicht sind wir auch zu wenig fordernd, wenn es um das Wissen unserer Mitarbeiter geht. Jeder möchte gerne in einem Unternehmen arbeiten, welches führend im Markt ist. Bedeutet das auch, dass jeder Mitarbeiter diesen Anspruch gegen sich selbst hat? Möchte jeder auch der Beste sein, was auch immer seine Aufgabe ist? Wenn ich diese Forderung aufstellte, wurde ich am Anfang ungläubig angesehen. Die meisten Mitarbeiter sehen den Zusammenhang zwischen Topleistung des Unternehmens und Topleistung jedes einzelnen Mitarbeiter zwar abstrakt, aber nicht unbedingt für sich selbst. Doch dieser Zusammenhang besteht, und wenn ein Unternehmen es schafft, dass alle Mitarbeiter diese Herausforderung annehmen, wird es sicherlich die führende Position im Markt einnehmen.

Welches Wissen ist jetzt wichtig für jeden Mitarbeiter?

- Wissen des eigenen Sachgebiets.
- Wissen der eigenen Stärken und Schwächen für sich selbst, die Produkte, Services, Prozesse, Tools und Strukturen.
- Wissen über Kundenanforderungen (ausdrücklich formuliert aber auch die versteckten nicht formulierten Anforderungen),
- Markttrends*,
- Wettbewerbssituation*,
- Technologie Trends*.
- Wissen über die Form der Zusammenarbeit.
- Wissen, wie man lernt und man Wissen und Skills entwickelt.

* Dies gilt für das jeweilige Arbeitsgebiet.

Ich bin mir bewusst, dass dies außerordentlich hohe Anforderungen sind. Aber wenn wir die Besten in unserer Branche sein wollen, dann müssen wir diesen Anspruch haben. Natürlich kann diese Art von Wissen nur über einige Zeit aufgebaut werden. Die Markttrends, die Wettbewerbssituation und die technologischen Trends können nicht von jedem Mitarbeiter in der Tiefe verfolgt werden. Aber die Mitarbeiter, in deren Sachgebiet dies fällt, haben die Aufgabe, im Detail über diese Informationen zu verfügen. So sollte zum Beispiel ein Finanzanalyst unter anderem wissen, wie Finanzanalysen beim Wettbewerb gemacht werden, welche Kosten (Kosten in Prozent vom Umsatz) damit verbunden sind und welche Technologien zum Einsatz kommen. Ein Servicetechniker zum Beispiel sollte wissen, welche Technologien im Serviceprozess vom Wettbewerb benutzt werden, wie hoch die Kosten und Produktivitäten in den einzelnen Bereichen sind. Dieses Wissen würde automatisch das richtige Verhalten fördern.

Wenn zum Beispiel durch eigene Kenntnis bekannt ist, dass der Prozess beim Wettbewerb günstiger ist als im eigenen Haus, dann ist es ganz natürlich, dass die Mitarbeiter ein eigenes Interesse entwickeln, dieses Delta zu kompensieren und wieder die Führung zu übernehmen. Diese Einstellung führt quasi automatisch zu einer Organisation, die permanent versucht, in allen Bereichen an der Spitze zu bleiben und die notwendigen Veränderungen selbst zu treiben.

Neben den Rahmenbedingungen und einer angemessenen Unternehmenskultur ist es wichtig, dass die Mitarbeiter ihr Wissen und ihre Erfahrungen miteinander teilen. Dies ist leider viel zu wenig der Fall. Auch unsere Schulsysteme unterstützen dieses Verhalten nicht. Was unsere Schüler lernen, ist genau das Gegenteil. Je weniger die Mitschüler wissen im Verhältnis zum eigenen Wissen, desto besser für die eigene Beurteilung. Dieses Verhalten setzt sich heute im Verhalten der Mitarbeiter fort, und das Verhalten wird durch das Management und die heutigen Messsysteme leider auch noch unterstützt. Mitarbeiter, die über einzigartiges Wissen verfügen, haben einen höheren Stellenwert für das Unternehmen als die Mitarbeiter, die ihr Wissen teilen und dadurch natürlicherweise nicht mehr über einzigartiges Wissen verfügen. Aber genau die Mitarbeiter, die ihr Wissen teilen, sind für die Zukunft sehr wichtig, und genau diese Mitarbeiter müssen besonders gefördert werden, damit sie als Beispiel für ihre Kollegen gelten.

Wissen ist die einzigste Ressource, die wächst, wenn man sie mit anderen teilt, da sich persönliches Wissen durch einen Austausch von Wissen mit anderen erhöht. Ein solches Verhalten setzt aber auch voraus, dass die Unternehmen die Loyalität der Menschen schätzen und nicht ausnutzen, in dem sie die Mitarbeiter einfach bei Bedarf entlassen. Ein Mitarbeiter, der jederzeit damit rechnen muss, dass er der Nächste ist, wird alles tun, um sich und seinen Arbeitsplatz zu schützen, das heißt möglichst keine Fehler zu machen, aber auch sein Wissen zu schützen und dadurch unersetzlich zu werden. Loyalität ist keine Einbahnstraße. Wissen wird zum entscheidenden Erfolgsfaktor für alle Unternehmen.

Peter Drucker formuliert es so: „In einer wissensbasierten Organisation zählt die individuelle Produktivität jedes einzelnen Mitarbeiters, um das ganze System erfolgreich zu machen. Unter traditionellen Bedingungen hat der Mitarbeiter für das System gearbeitet. Bei Mitarbeitern, auf deren Wissen und Skills es ankommt, muss das System den Mitarbeitern dienen."

5.7 Innovation/Technologie

Innovation wird heute als die Wunderwaffe gesehen, um die Wachstumsschwäche in Europa, aber insbesondere auch in Deutschland zu überwinden. Die Frage ist dann allerdings, warum in den meisten Unternehmen eine zu geringe Kreativität und Innovation beklagt wird beziehungsweise bemängelt wird, dass Innovation nicht oder nicht schnell genug in marktreife Produkte umgesetzt wird. Mein Eindruck ist, dass wir versuchen, diese für die deutsche Volkswirtschaft sicherlich außerordentlich wichtige Frage sehr technokratisch zu lösen.

Ich glaube, dass die Ursache und damit die Lösung irgendwo anders zu suchen ist. Liegt es an unseren Mitarbeitern, dass sie nicht kreativ genug sind? Sind sie überhaupt daran interessiert, ihre Energie und ihre Kreativität für das Unternehmen einzubringen? Wollen wir überhaupt Mitarbeiter, die kreativ sind, die Dinge kritisch hinterfragen und die verstehen wollen, warum bestimmte Arbeiten so und nicht anders getan werden?

Mein Eindruck ist, dass das Management in den meisten Fällen Rahmenbedingungen geschaffen hat, die eben die dringend benötigte Kreativität und Innovation nicht fördern. Kreativität und Innovation brauchen eine Vertrauenskultur, Freiraum und eine Fehlerkultur.

In den meisten Unternehmen wird alles im Detail vorgegeben. Alle Prozesse und Systeme müssen weltweit absolut identisch sein. Flexibilität ist nicht erlaubt und nicht gewünscht. Abweichungen sind nicht erlaubt. Verstehen wir eigentlich, was eine solche Vorgehensweise bei den Betroffenen auslöst, die gerne kreativ wären, die gerne flexibel auf spezifische Kundensituationen eingehen würden? Ist es nicht normal, dass Mitarbeiter nach einer gewissen Zeit aufgeben und sich nicht mehr engagieren? Wie können wir aber die ganze innovative Kraft, die im Unternehmen steckt, mobilisieren? Was müssen wir tun, um dem Wettbewerb immer zumindest einen Schritt voraus zu sein? In vielen Unternehmen ist Innovation Sache der Entwicklungsabteilung. So sehr dies für die Entwicklung von Basistechnologien und für die Entwicklung neuer Produkte eine klare Notwendigkeit ist, so ist es doch äußerst wichtig, dass auch die Mitarbeiter, die nahe am Kunden arbeiten, ihre Ideen und Vorstellungen einbringen können. Gerade die Mitarbeiter, die die Arbeit konkret tun, sei es im Vertrieb, in der Produktion oder im Service, können Prozessverbesserungen und Innovation anstoßen und damit erheblich zur Verbesserung des Unternehmenserfolgs beitragen. Wie erfolgreich wären wir, wenn jeder Mitarbeiter im Unternehmen danach streben und seinen Beitrag leisten würde, die wettbewerbsfähigsten Produkte und Prozesse zu haben. Wir würden nicht nur die großen Veränderungen anstreben, sondern wir würden an Tausenden von kleinen Verbesserungsprojekten arbeiten. Das Unternehmen würde sich permanent verändern. Henry Ford sagte dazu: „Nicht mit Erfindungen, sondern mit Verbesserungen macht man Vermögen."

Die Notwendigkeit für große Veränderungen sind dann gegeben, wenn sich Brüche im Markt oder in der Technologie ergeben, die über normale Verbesserungsprojekte nicht mehr gelöst werden können.

> Nicht mit Erfindungen, sondern mit Verbesserungen macht
> man Vermögen.
>
> *Henry Ford*
>
> Das größte Lob, das eine Innovation erhalten kann, ist wenn man sagt,
> das ist doch offensichtlich!
>
> *Peter Drucker*
>
> Wenn Großunternehmen besonders innovativ sind, dann gibt es immer
> kleine, unabhängige Gruppen von „Machern", die das formale System
> umgehen oder sogar sabotieren.
>
> *Gifford Pinchot*

Abbildung 56

Ich finde die Aussage von Gifford Pinchot sehr bezeichnend, dass Innovation in großen Unternehmen nur noch möglich ist, wenn die Mitarbeiter die bestehenden Prozesse umgehen beziehungsweise sie sogar sabotieren. Zum Glück ist es so, dass sich einige Mitarbeiter auch nicht durch noch so große Hürden davon abhalten lassen, das Richtige zu tun. Sie sind gezwungen, Wege zu beschreiten, die eigentlich nicht gewollt sind. Ist es nicht geradezu paradox, dass Mitarbeiter erhebliche Hürden überwinden müssen, um kreativ und innovativ zu sein. Wäre es nicht angemessen, wenn wir Rahmenbedingungen schaffen, in denen Mitarbeiter jede Form von Unterstützung finden, um kreativ und innovativ zu sein?

Wie aus der Literatur bekannt, erbringen im Durchschnitt etwa 30 Prozent aller Aktivitäten in unseren Unternehmen keinen Mehrwert für die Kunden. Aber unsere Kunden sind nur bereit, uns genau für diesen Mehrwert zu zahlen. Sie sind nicht bereit, für all die Blindleistung und all die internen Arbeiten, die wir heute erbringen, zu zahlen, wenn sie keinen Beitrag zu seinem Geschäft leisten.

Wir haben in einem Bereich bei HP diese Themenstellung aufgegriffen. Ich habe die Mitarbeiter aufgerufen, alle Arbeiten zu stoppen, die keinen Beitrag für den Kunden erbringen. Die erste Reaktion war natürlich, das gilt nicht für uns. Alle Aktivitäten sind sinnvoll und wir brauchen das alles. Mein erster Aufruf war also nicht von besonderem Erfolg gekrönt. Ich habe gefragt, welcher Bereich sich freiwillig einer Untersuchung stellt. Mit ein wenig „Nachhilfe" haben sich zwei Abteilungen bereit erklärt. Mit Hilfe eines externen Beratungs-unternehmens haben wir systematisch alle Aktivitäten auf die Frage überprüft, ob sie einen Wert für den Kunden bringen und ob der Kunde bereit ist, dafür zu bezahlen. Allein die Fragestellung hat zu einigen Hoppla-Effekten geführt. Die Ergebnisse haben Alle überrascht. Wir hatten in der Tat eine hohe Anzahl an Aktivitäten, die genau diesem Anspruch nicht gerecht wurden.

Wir hatten in diesen Bereichen innerhalb von weniger als zwei Monaten nach Vorlage der Ergebnisse Kapazitäten von mehr als 30 Prozent freigesetzt, ohne jede negative Auswirkungen. Die freien Kapazitäten konnten wir dann für neue Dinge einsetzen, die entweder zur Ausweitung des Umsatzes oder zur Verbesserung unserer Services gegenüber dem Kunden eingesetzt werden konnten. Ich sollte in diesem Zusammenhang noch erwähnen, dass diese Organisationen auch vor den Veränderungen bereits hoch profitabel waren und über die beste Kundenzufriedenheit am Markt verfügten. Dies zeigt zum einen, wie groß die Reserven dennoch waren und zum zweiten, welche Ergebnisse möglich sind, wenn man den Mitarbeitern entsprechen Freiraum gibt.

Im Servicebereich von HP hatte ich eine Situation in Deutschland, dass etwa 30 Prozent der Arbeiten, die wir aus Deutschland heraus bedienten, auch aus anderen Ländern hätten erbracht werden können. Unsere Kostenstrukturen (Kosten/verfügbare Zeit) waren damals in Deutschland im Schnitt etwa 30 Prozent höher als in anderen europäischen Ländern. Ich habe diese Thematik ganz offen mit den Mitarbeitern besprochen. Es war klar, dass die Jobs nur dann in Deutschland verbleiben würden, wenn die Leistungen aus Deutschland mindestens um die 30 Prozent produktiver waren als in den anderen europäischen Ländern. Die Mitarbeiter nahmen die Herausforderung an und waren extrem kreativ, Prozesse zu verbessern und neue Produktivitätstools zu entwickeln. In globalen Unternehmen sind diese Verbesserungen allerdings transparent, sodass diese schnell auch wieder von den anderen Bereichen übernommen wurden, was den Vorteil dann wieder eliminierte. Man könnte jetzt unterstellen, dass die Mitarbeiter versuchen, diese Verbesserungen nicht publik zu machen. Dies würde auch passieren, wenn das Management da nicht gegensteuern würde. Auch diese Situation wurde offen diskutiert. Den Mitarbeitern war klar, dass dies maximal zu einer kurzen Verzögerung führen würde und dann letztendlich doch ein Transfer stattfinden würde. Es wurde geradezu ein Sport daraus, immer wieder besser zu werden und vorne weg zu marschieren. Die Mitarbeiter waren sehr stolz, diese Rolle zu spielen. Ihnen wurde von allen Seiten hoher Respekt und Anerkennung zuteil. So konnte es gelingen, dass trotz der Kostennachteile viele neue europäische Funktionen in Deutschland neu etabliert werden konnten. Dies war nur möglich, weil wir eine so innovative Mannschaft hatten und weil die Produktivität entsprechend hoch war.

Eine große Quelle für Verbesserungen ist, dass wir alle bestehenden Prozesse in Frage stellen.

- Wofür ist der Prozess gedacht?
- Wird der Prozess noch gebraucht?
- Führt dieser Prozess zu einem Mehrwert beim Kunden?
- Ist der Kunde bereit, dafür zu zahlen?

Wir vergessen immer wieder, welche Annahmen zu bestimmten Lösungen geführt haben. Diese Annahmen waren zum Zeitpunkt der Einführung der Prozesse wahrscheinlich wohl begründet, aber das bedeutet nicht unbedingt, dass dies heute auch noch zutrifft. Ein kleines Beispiel mag dies zeigen: In der Vergangenheit war es üblich, dass es für gebrauchte Autos keine Gewährleistung gab. Man hatte die Annahme getroffen, auf gebrauchte Fahrzeuge gibt es keine Gewährleistung. Und diese Annahme wurde für viele Jahre einfach fortgeschrieben. Irgendwann wurde diese Annahme dann in Frage gestellt. Das erste Unternehmen, das gebrauchte Fahrzeuge mit Garantie angeboten, hatte enorme Verkaufserfolge. Wenn man jetzt noch weiß, dass der Markt für gebrauchte Fahrzeuge etwa doppelt so hoch ist wie der Markt für Neufahrzeuge, kann man sich vorstellen, welches enorme Potenzial darin steckt.

Ein weitere sehr gute Methode ist Benchmarking, um Innovationspotenziale zu ermitteln. Zunächst gilt es hier zu verstehen, was die wesentlichen Wettbewerber tun und wie sie es tun. Dies gilt für alle Bereiche und alle wesentlichen Prozesse. In welchen Bereichen ist der Wettbewerb besser? Welche Kostenpunkte haben die einzelnen Prozesse? Dies kann jedoch nur der erste Schritt sein, da es nicht ausreicht, nur gleich gut wie der Wettbewerb zu sein. Es muss vielmehr angestrebt werden, besser und anders zu sein als der Wettbewerb. Wettbewerbsvorteile können nachhaltig nur über eine klare Differenzierung erzielt werden.

Professor Michael Porter von Harvard formuliert es wie folgt: „Es reicht nicht aus, der Beste im Wettbewerb zu sein. Langfristiger Erfolg ergibt sich nur, wenn man im Wettbewerb eine einzigartige Position einnehmen kann."

Eine weitere sehr effiziente Methode ist Benchmarking mit „Best-in-class"-Unternehmen aus anderen Branchen über Prozesse, die ähnliche Funktionen haben wie in den eigenen Unternehmen.

Es ist wichtig, dass die Unternehmen die technologischen Trends und die Auswirkungen auf ihr eigenes Geschäft verstehen. Dies gilt insbesondere für Unternehmen, die technologiegetrieben sind. Hier sind vor allem die Entwicklungsabteilungen gefordert. Da die Technologien sich mit einer unglaublichen Geschwindigkeit entwickeln, ist es nahezu unmöglich, diese Trends im Detail und mit allen Konsequenzen zu verfolgen. Ein Konzept, welches sich hier ganz gut bewährt hat, ist so genannte „Call Options" zu setzen. Dies bedeutet, dass man die offensichtlich wichtigen Trends weiter verfolgt und in konkrete Entwicklungsarbeit umsetzt. Die anderen Trends werden in den Status „ Call Options" gesetzt, das heißt, sie werden nur beobachtet, wie sie sich entwickeln. Man wird dann aktiv, wenn sich herausstellt, dass die Technologie mit größter Wahrscheinlichkeit Erfolg verspricht. Natürlich wird es auch Situationen geben, wo man auf eine neue Technologie setzt und bereits mit konkreten Entwicklungsarbeiten beginnt, ohne zu wissen, ob daraus ein Erfolg wird. Die wichtigste Frage ist aber nicht, wer hat die Technologie am schnellsten in ein Produkt umgesetzt, sondern wer bringt Produkte mit der neuen Technologie am schnellsten auf den Markt. In vielen Fällen waren die so genannten „fast followers" erfolgreicher als die, die die Produkte als Erste auf den Markt gebracht haben. Dies setzt allerdings voraus, dass die Organisation sich sehr schnell anpassen und neue Produkte und/oder Dienstleitungen auch sehr schnell auf den Markt bringen kann. Es sind auch nicht immer die spektakulären Erfindungen, die den größten wirtschaftlichen Erfolg bringen, sondern sehr oft die Erfindungen, die einfach sind. Peter Drucker hat einmal gesagt: „Das größte Lob, das eine Innovation erhalten kann, ist, wenn man sagt: das ist doch offensichtlich!"

Eine hohe und nachhaltige Fähigkeit zur Innovation einer Organisation erfordert:

- einen hohen Grad an Vertrauen

- eine Belegschaft, die im Markt gewinnen will und die die vor uns liegenden Herausforderungen annimmt

- Freiraum für Experimente

- eine akzeptierte und gelebte Fehlerkultur

- die Mentalität, Chancen/Gelegenheiten wahrzunehmen und Risiken einzugehen

- einen hohen Grad an Verschiedenheit unter den Mitarbeitern (Geschlecht, Alter, Nationalitäten, Kulturen, Ausbildung)

- das Teilen und die Anwendung von existierendem Wissen, über welches die Mitarbeiter verfügen

- eine positive Grundeinstellung, „das Glas ist halbvoll und nicht halbleer"

Mitarbeiter können unglaublich kreativ sein, wenn wir ihnen den entsprechenden Freiraum einräumen. Aber dies erfordert einen Managementstil, der ein solches Verhalten unterstützt.

5.8 Zusammenarbeit mit Partnern und Lieferanten

Die Zusammenarbeit mit Partnern und Lieferanten möchte ich hier nur soweit ansprechen, als dies eine Beziehung zum Thema dieses Buches hat. Für jede Zusammenarbeit wie Allianzen, Vertriebskanäle und andere Formen der Partnerschaft genau wie bei Lieferantenbeziehungen oder auch in Netzwerken ist es entscheidend, einen Weg zu finden, diese Beziehungen optimal zu gestalten. Hier wird noch viel zu oft in Freund-Feind-Verhältnissen gedacht und auch gehandelt. Geschäftspartner haben zumeist folgende Erwartungen:

- Sie wollen einen Partner, auf den man sich verlassen kann.

- Sie wollen mit Mitarbeitern auf der Partnerseite zu tun haben, denen sie trauen und die ihnen vertrauen.

- Sie wollen sicher sein, dass sie in ihren Zielen unterstützt werden (besonders in schwierigen Zeiten).

- Sie wollen mit einem Partner arbeiten, der über die wettbewerbsfähigsten Produkte und Services verfügt.

- Der Partner soll über Prozesse verfügen, die sehr kostengünstig und einfach zu handhaben sind.

- Sie wollen einen Partner, der flexibel auf die jeweiligen Bedürfnisse eingeht.

- Sie wollen Gesprächs- beziehungsweise Verhandlungspartner, die verbindliche Zusagen treffen können.

- Die Zusammenarbeit soll wechselseitig akzeptable Margen erlauben.

Die meisten Beziehungen sind von diesen Wunschvorstellungen doch weit entfernt. Es herrscht sehr häufig Misstrauen. Und viele Einkäufer sind erst dann zufrieden, wenn der Lieferant keine Margen mehr erwirtschaften kann. Wir unterschätzen erheblich, um wie viel höher die Aufwendungen in schlecht funktionierenden Beziehungen sind, gegenüber Beziehungen die den Erwartungen weitestgehend gerecht werden. Sehr oft wird zu viel Energie in extensive Verträge und die Bewältigung von Konflikten gesteckt.

Wenn wir dies vermeiden wollen, müssen wir unsere Mitarbeiter entsprechend ausbilden, um eine erfolgreiche Beziehung zu ermöglichen. Wir müssen, wie schon in früheren Kapiteln beschrieben, Win-Win-Situationen erzeugen. Dies erfordert selbstbewusste Mitarbeiter, die ermächtigt sind, Entscheidungen zu treffen.

5.10 Globalisierung

Sich in globalen Märkten zu behaupten und dort erfolgreich zu sein, ist für alle Unternehmen, die nicht nur lokale Märkte bedienen, eine große Herausforderung. Hierzu haben die neuen Technologien (wie zum Beispiel das Internet und die neuen Kommunikationssysteme) ganz neue Möglichkeiten eröffnet. Selbst kleinste Unternehmen können ihre Produkte heute über das Web weltweit anbieten. Globaler Wettbewerb bedeutet einen massiven Druck auf die Preise und es scheint, dass es nur eine Richtung gibt, die Preise gehen nach unten und in der Folge gibt es einen massiven Druck auf die Kosten, insbesondere auf die Personalkosten. In der Folge sind bereits viele Jobs in den Industrieländern verloren gegangen. Dies ist eine Entwicklung, die in einer arbeitsteiligen Welt nicht nur negativ zu sehen ist, sondern sie führt insgesamt zu einer Ausweitung des weltweiten Geschäftsvolumens und es werden neue Märkte für die Industrienationen geschaffen. So führt zum Beispiel allein Indien Software und Dienstleistungen in einem Volumen von mehr als 30 Milliarden US-Dollar aus, was Indien damit als Markt natürlich sehr attraktiv macht.

Das Neue an der jetzigen Situation ist, dass nicht nur einfache Arbeitsplätze verlagert werden, sondern zunehmend auch hochqualifizierte Jobs wie zum Beispiel Softwareentwickler, ganze Entwicklungsabteilungen, administrative Funktionen, Call-Center.

Große Bedenken wurden zuerst in Europa geäußert, aber in der Zwischenzeit gibt es ähnliche Diskussionen auch in den Vereinigten Staaten.

Wir müssen einfach akzeptieren, dass in Zukunft alle Arbeiten, die nicht direkt beim Kunden beziehungsweise vor Ort erbracht werden müssen, potenziell für Verlagerungen in Frage kommen. So sind nach Informationen des Instituts für Arbeitsmarktforschung und Berufsforschung zum Beispiel heute bereits knapp 80.000 IT-Spezialisten in Deutschland arbeitslos. In den Vereinigten Staaten haben nach einer Umfrage der Gartner Group 40 Prozent aller Fortune-500-Unternehmen ihre IT bereits ausgelagert. So sind allein in den USA ca. 500.000 qualifizierte Arbeitsplätze durch Offshoring-Aktivitäten verloren gegangen. In Europa ist mit einer geringen Verzögerung mit einem ähnlichen Trend zu rechnen.

Bedingt durch die neuen Technologien und die zum Teil hervorragende Ausbildung in einigen Entwicklungsländern findet dies jedoch heute mit einer Dynamik statt, die zu großer Sorge Anlass gibt. Dieser Wettbewerb findet unter sehr ungleichen Bedingungen statt. So betragen zum Beispiel die geschätzten Gehaltskosten für Programmierer nach einer Prognose der Deutschen Bank Research für 2005 in Deutschland und USA ca. 75 beziehungsweise 70.000 Dollar/Jahr. In Indien betragen sie nur 8.500 Dollar und in einigen der neuen EU-Länder, in Russland und einigen asiatischen Ländern liegen die Kosten sogar noch niedriger.

Die europäische Erweiterung stellt die europäischen Kernländer bereits vor riesige Herausforderungen. Sie erzwingt ein Umdenken und fördert radikale Strukturveränderungen, die notwendig und die auch überfällig sind. Ich glaube, dass es nicht zu optimistisch ist, wenn man unterstellt, dass im EU-Raum mit einer ähnlichen Anpassung wie bei der Integration von Irland zu rechnen ist. Man darf allerdings nicht vergessen, dass wir hier mit ungleich größeren Bevölkerungen zu tun haben. Bereits diese Anpassungen werden nicht ohne schmerzliche Anpassungen vor sich gehen. Im Vergleich dazu sind jedoch die Herausforderungen, die durch die Verlagerungen nach Indien, China und anderen asiatischen Länder entstehen, ungleich größer und auch meines Erachtens ohne konkrete Maßnahmen nicht mehr beherrschbar.

Das Reservoir an hochqualifizierten Mitarbeitern ist hier für die nächsten Jahrzehnte als unerschöpflich anzusehen. So schließen zum Beispiel allein in Indien 120.000 und in China 250.000 Studenten pro Jahr – im Gegensatz zu 5.000 Abschlüssen in Deutschland – ein Hochschulstudium in Informationstechnologie ab.

Die Folgen für die Gesellschaften bei einer freien Entfaltung der Marktkräfte und einer nicht gesteuerten Entwicklung kann von den alten Industrienationen und ich schließe hier auch die USA ein, nicht verkraftet werden. Es besteht Einvernehmen, dass ein Wettlauf um die niedrigsten Personalkosten von den alten Industrieländern nicht gewonnen werden kann. Es kann auch niemand ein Interesse daran haben, dass die Arbeitsmärkte in den alten Industrieländern zusammenbrechen und die Volkswirtschaften zum Beispiel durch einen Kaufkraftverlust in ihrer Wirtschaftskraft massiv beeinträchtigt werden, wenn nicht sogar kollabieren. Eine entscheidende Frage wird sein, welche Arbeitsplätze können bei nicht wesentlich geringerem Lebensstandard in den Industrienationen im globalen Wettbewerb erhalten werden und welche neuen Arbeitsplätze können geschaffen werden. Reichen diese Arbeitsplätze aus, um die bestehenden Strukturen nicht komplett zu gefährden? Die heute sehr oft gehörte Beschwichtigungsformel lautet: „Wir müssen uns auf die höherwertigen Jobs konzentrieren." Ich halte die Diskussion nicht für ganz ehrlich. Es ist einfach Fakt, dass heute gerade auch sehr viele höherwertige Jobs verloren gehen. Die Ausbildung und das Know-how in den so genannten Entwicklungsländern ist hervorragend und die Einstellung zu Leistung, um in einem globalen Wettbewerb erfolgreich zu sein, ist gerade in diesen Nationen sehr stark ausgeprägt. Es darf hierbei weiterhin nicht übersehen werden, dass die Zeiten, in denen ausschließlich in den Industrienationen neue Technologien entwickelt wurden und damit neue Arbeitsplätze und neue Unternehmen entstanden, vorbei sind. Die aufstrebenden asiatischen Nationen zählen bereits heute in den Technologien der Zukunft zu den führenden Kräften, zum Beispiel Indien in der Software, Taiwan und China in der Computertechnologie, und auch die Biotechnologie wird in einigen asiatischen Staaten wesentlich stärker vorangetrieben als in den meisten europäischen Staaten.

Das wirkliche Ausmaß der Herausforderungen wird unterschätzt oder bewusst verschwiegen. Oder kann sich jemand vorstellen, dass eine Volkswirtschaft bei zum Beispiel 30 Prozent Arbeitslosigkeit oder bei einem Rückgang des Bruttosozialprodukts um 30 Prozent und den bestehenden demographischen Entwicklungen eine reelle Überlebenschance hat?

Ein solches Szenario wäre nicht nur für die lokal operierenden Unternehmen ein Fiasko sondern auch für die global operierenden Unternehmen eine erhebliches Risiko. Deshalb halte ich es für unbedingt notwendig, dass gerade auch die globalen Unternehmen hier Verantwortung übernehmen und darauf hinwirken, dass dieses zerbrechliche Wirtschaftssystem funktionsfähig bleibt und die Übergangsprozesse halbwegs kontrolliert ablaufen. Wenn dies nicht gelingt und wenn wir hier nicht schnell zu einem über alle Regionen zumindest grob abgestimmten Verständnis gelangen, sehe ich die Gefahr, dass sich drei bis fünf Wirtschaftsblöcke bilden, die jeweils unter ähnlichen wirtschaftlichen Rahmenbedingungen operieren. Diese Wirtschaftsblöcke wären Nordamerika (mit oder ohne Südamerika), Europa, Japan, Indien und China. Es ist heute nicht absehbar, ob die asiatischen Staaten sich auf gemeinsame Wirtschaftsprinzipien einigen können. Aber wir müssen verstehen, dass jeder dieser neu entstehenden Märkte vom Potenzial her größer ist als Europa oder die Vereinigten Staaten. Dies würde für eine lange Zeit den weltweiten „Free Trade" unmöglich machen, der allerdings auch heute noch in vielen Bereichen immer noch eine Fiktion ist.

Ich persönlich würde diese Entwicklung sehr bedauern, da der weltweite Handel uns nun für mehr als 50 Jahre starkes Wachstum und Wohlstand beschert hat. Viele der über die Wirtschaft hinausgehenden Themen, wie Umweltschutz (CO_2-Ausstoß), Energieversorgung, Wasser, Nahrungsmittel und jetzt auch der weltweite Terrorismus können nur in einem globalen Kontext gelöst werden. Aber selbst hier muss man leider feststellen, dass für diese Themen abgestimmte Strategien nicht erkennbar sind.

Die Unternehmen, insbesondere die global operierenden Unternehmen, haben hier eine Schlüsselfunktion. Wenn sie hier nicht umdenken und weiterhin ohne Rücksicht auf die jeweiligen gesellschaftlichen Gegebenheiten ihre wirtschaftlichen Interessen verfolgen, kann dies Folgen haben, die weder im Interesse der Unternehmen noch dem der betroffenen Gesellschaften liegen.

Die deutsche Volkswirtschaft und auch die anderen europäischen Industrienationen haben nur eine Chance in diesem globalen Markt weiterhin eine entscheidende Rolle zu spielen, wenn es gelingt,

- die Innovationskräfte massiv zu stärken

- die Energie und Leistungsbereitschaft wegen fehlender Motivation und zu mobilisieren

- die Aus- und Weiterbildung erheblich zu verbessern

- die Bevölkerung auf einen harten Wettbewerb einzustellen

- die Leistungsbereitschaft der Bevölkerung massiv zu erhöhen

- alle Wachstumshemmnisse schnellstens abzubauen

Ein Schlüssel liegt hier sicherlich darin, inwieweit es gelingt, die Innovationsfähigkeit zu stärken, und zwar in den Bereichen, in denen die deutsche Volkswirtschaft heute bereits weltweit führend ist. Hierzu zählen insbesondere die Bereiche, wo mehrere Technologien miteinander verknüpft werden, wie zum Beispiel der Maschinenbau, der Werkzeugmaschinenbau, der Anlagenbau und die Automobilindustrie. Wir haben nahezu die Fähigkeit verloren, in einstufigen Technologien noch wettbewerbsfähig zu sein. Deshalb gilt es, gerade die Bereiche mit mehreren Technologien zu stärken und neue Anwendungsfelder zu finden.

Wir müssen der Biotechnologie unbedingt einen größeren Stellenwert geben. Sie wird die Schlüsseltechnologie für den voraussichtlich größten Markt der Zukunft im Gesundheitswesen, mit allen Nebenbereichen wie Fitness, Wellness usw. sein. Eine große Chance sehe ich auch im Bereich der Nanotechnologie. Ich hoffe, dass es diesmal gelingt, die hervorragende Basis an unseren Universitäten und Forschungseinrichtungen für eine führende Position im globalen Wettbewerb zu nutzen.

Es gilt weiterhin, einen Schwachpunkt für Startups, aber auch für den Mittelstand zu verbessern, nämlich eine ausreichende Finanzierung sicherzustellen. Aufgrund der enormen Probleme, vor denen das Bankenwesen steht, ist zu befürchten, dass hier kurzfristig keine Besserung in Sicht ist. Auch Hilfen durch den Staat sind wegen der enormen Verschuldung fast aller stattlichen Haushalte nachhaltig nicht zu erwarten.

Ein weiterer Trend kann heute festgestellt werden. Die weltweiten Zentralen von globalen Unternehmen versuchen zunehmend zu einer weltweiten Standardisierung in jeder Beziehung zu kommen, unternehmensweit gleiche Strukturen, Prozesse, Systeme, Geschäftsstandards, Kultur usw. Dies gilt für alle Unternehmen, egal wo die Unternehmenszentralen sind, sei es in den Vereinigten Staaten, in Europa oder in Asien. Die lokalen spezifischen Eigenheiten werden in vielen Fällen nicht mehr zur Kenntnis genommen. Ich bin überzeugt, dass dies weiter zu zunehmendem Widerstand in den Ländern führt, in denen die Zentralen nicht beheimatet sind. Diese Beschwerden hört man in allen Ländern, zum Beispiel in den USA in Unternehmen, die ihre Zentralen in Deutschland oder Frankreich haben, und in Deutschland in Unternehmen, die ihre Zentralen zum Beispiel in den USA, in Großbritannien oder Japan haben. Durch die Ängste um den Verlust des Arbeitsplatzes werden diese Spannungen in der nächsten Zeit eher ansteigen.

Es ist äußerst wichtig, dass alle Unternehmen sich dieser potenziellen Konflikte bewusst sind und dass sie versuchen, diesen großen Herausforderungen gerecht zu werden. Ich bin überzeugt, dass nur die Unternehmen langfristig erfolgreich sein werden, die fähig sind, die globalen Strategien mit den lokalen Anforderungen und Wünschen in Einklang zu bringen. Wegen des heute weltweit verfügbaren Wissens um alle Vorgänge müssen wir einfach damit rechnen, dass die Diskussion um Werte zunehmen wird. Lokale kulturelle und soziale Anforderungen werden eine wesentlich größere Bedeutung haben. Auch in Zukunft wird das Image des Unternehmens für Kaufentscheidungen von Bedeutung sein. Die Attraktivität als Arbeitgeber wird darüber entscheiden, ob man die besten Mitarbeiter bekommt und auch halten kann.

Literatur

ACKHOFF, RUSSEL, Creating the Corporate Future, John Wiley & Sons, Canada 1991.

BECKER, ROBERT, Besser miteinander umgehen, Gabler Verlag, Wiesbaden 1997.

BECKER, ROBERT, Fokus Kunde, Gabler Verlag, Wiebaden 1994.

BELASCO, JAMES A., Flight of the Buffalo, Warner Books, New York 1993.

BELASCO, JAMES A., Teaching the Elephant to Dance, Century Business, London 1990.

BENNIS, WARREN/NANUS, BURT, Leaders, Harper & Row Publishers, New York 1985.

BENNIS, WARREN, Becoming a Leader of Leaders, Nicholas Brealey Publishing, London 1997, aus dem Buch Rethinking the Future von Rowan Gibson.

BERTH, ROLF, Aufbruch zur Überlegenheit, Econ Verlag, Düsseldorf 1994.

BRANDES, DIETER, Einfach managen, Redline Wirtschaft, Frankfurt 2002.

BRUCH/GHOSAL, Beware the Busy Manager (HBR).

BUCKINGHAM, MARCUS/COFFMAN, CURT, First, Break All the Rules, Simon & Schuster, New York 1999.

CAPRA, FRITJOF, The Turning Point, Fontana, London 1990.

CHOWDBURY, SUBIR, Management 21C, Financial Times, London 2000.

COFMAN, CURT/GONZALEZ-MOLINA, GABRIEL, Managen nach dem Gallup-Prinzip, Campus Verlag, Frankfurt 2000.

COLLINS, JIM, Good to be Great, Random House, London 2001.

CONNOLLY, MICKEY/RIANOSHEK, RICHARD, The Communication Catalyst, Darborn Trade Publishing, USA 2002.

COVEY, STEPHEN R., Building Basic Effectiveness, Dorling Kindersley Book, London 2001, aus dem Buch Roads to Success von Robert Heller.

COVEY, STEPHEN R., First Things First, Fireside Book, New York 1994.

COVEY, STEPHEN R., From Private to Public Victories, Dorling Kindersley Book, London 2001 aus dem Buch Roads to Success von Robert Heller.

COVEY, STEPHEN R., Making Leadership work, Dorling Kindersley Book, London 2001 aus dem Buch Roads to Success von Robert Heller.

COVEY, STEPHEN R., The Principles of Leadership, Dorling Kindersley Book, London 2001 aus dem Buch Roads to Success von Robert Heller.

COVEY, STEPHEN R., The Seven Habits of Highly Effective People, Simon & Schuster, London 1992.

CUTLER, HOWARD C., The Art of Happiness at Work, Riverhead Books, New York 2003.

DANIELS, AUBREY C., Bringing out the Best in People, McGraw-Hill, USA 2000.

DE GEUS, ARIE, The Living Company, Long View Publishing, Boston 1997.

DE MARCO, TOM, Spielräume, Carl Hanser Verlag, München 2001.

DOBLÈY, DIRK/WARGIN JOHN W., Management of Change, Galileo Press, Bonn 2001.

DOTLICH, DAVID L./CAIRO, PETER C., The New Leadership Instincts, Jossey-Bass, New York 2002.

DRUCKER, PETER F., Harnessing the Power of Innovation, Dorling Kindersley Book, London 2001, aus dem Buch Roads to Success von Robert Heller.

DRUCKER, PETER F., Managing by Objectives & Self-Control, Dorling Kindersley Book, London 2001, aus dem Buch Roads to Success von Robert Heller.

DRUCKER, PETER F., Organizing for Success in Business, Dorling Kindersley Book, London 2001, aus dem Buch Roads to Success von Robert Heller.

DRUCKER, PETER F., The Art of Management in Practise, Dorling Kindersley Book, London 2001, aus dem Buch Roads to Success von Robert Heller.

DRUCKER, PETER F., The Effective Executive, Harper Business Essentials, New York 2002.

FULLER, GEORGE, Win-Win-Management, Moderne Industrie Verlag, Landsberg/Lech 1998.

GARFIELD, CHARLES, Spitzenmanagement im Team, Ullstein Verlag, Frankfurt 1995.

GATES, BILL, Dividing, Delegating and Leading, Dorling Kindersley Book, London 2001, aus dem Buch Roads to Success von Robert Heller.

GERSTNER, LOUIS V., Who Says Elefants Can't Dance?, Harper CollinsPublishers, New York 2002.

GERTZ, DWIGHT L./BAPTISTA, JOAO P. A., Grow To Be Great, Free Press, New York 1995.

GIBSON, ROWAN, Rethinking the Future, Nicholas Brealey Publishing, London 1997.

GOLDMAN, STEVEN L./ NAGEL, ROGER N./PREISS, KENNETH, Agile Competitors/Virtual Organizations, Van Nostrand Reinhold, New York 1995.

GOLDSMITH, WALTER/CLUTTERBECK, DAVID, The Winning Streak Workout Book, Weidenfeld and Nicolson, London 1985.

GOLEMAN, DANIEL, Kreativität entdecken, Carl Hanser Verlag, München 1997.

GOUDEVERT, DANIEL, Mit Tränen beginnt die Realität, Rowohlt Verlag, Berlin 1999.

GRIMM, BERNHARD A., Macht und Verantwortung, Gabler Verlag, Wiesbaden 1996.

GROVE, ANDY, Coping with Change, Dorling Kindersley Book, London 2001, aus dem Buch Roads to Success von Robert Heller.

GROVE, ANDY, Management by Confrontation, Dorling Kindersley Book, London 2001, aus dem Buch Roads to Success von Robert Heller.

HABBEL, ROLF W., Faktor Menschlichkeit, Wirtschaftsverlag Ueberreuter, Wien 2001.

HANDY, CHARLES, Balancing the Organization, Dorling Kindersley Book, London 2001, aus dem Buch Roads to Success von Robert Heller.

HANDY, CHARLES, Finding Sense in Uncertainty, Dorling Kindersley Book, London 2001, aus dem Buch Roads to Success von Robert Heller.

HANDY, CHARLES, Living in a Doughnut, Dorling Kindersley Book, London 2001, aus dem Buch Roads to Success von Robert Heller.

HANDY, CHARLES, Managing the Paradoxes, Dorling Kindersley Book, London 2001, aus dem Buch Roads to Success von Robert Heller.

HANDY, CHARLES, Working in the New Society, Dorling Kindersley Book, London 2001, aus dem Buch Roads to Success von Robert Heller.

HELLER, ROBERT, Roads to Success (Business Masterminds), Dorling Kindersley Book, London 2001.

HENKEL, HANS-OLAF, Die Macht der Freiheit, Econ Verlag, Düseldorf 2000.

HEVESI, GABRIEL, Checklist for Leaders, Productivity Press, Portland, USA 1996.

HÖHLER, GERTRUD, Die Sinnmacher, Econ Verlag, Düseldorf 2002

HÖHLER, GERTRUD, Herzschlag der Sieger, Econ Verlag, Düseldorf 1997.

HÖHLER, GERTRUD, Warum Vertrauen siegt, Econ Verlag, Düseldorf 2003.

HÖHLER, GERTRUD, Wettspiele der Macht, Econ Verlag, Düseldorf 1994.

HÖHLER, GERTRUD, Wölfin unter Wölfen, Econ Verlag, Düseldorf 2000.

HORX, MATTHIAS, Trendbuch, Econ Verlag, Düsseldorf 1994.

JOHNSON, SPENCER, The Present, Doubleday, USA 2003.

JOHNSON, SPENCER, Who moved my Cheese?, Putnam Pub Group, USA 1998 .

KOTTER, JOHN P., A Force for Change, Simon & Schuster, New York 1990.

KOTTER, JOHN P., What Leaders really do, Harvard Bus. School, Boston 1999 .

KOUZES, JAMES M./POSNER BARRY Z., Credibility, Jossey-Bass, New York 1993.

KOUZES, JAMES M./POSNER BARRY Z., The Leadership Challenge, Jossey-Bass, San Francisco 1995.

KRIEGEL, ROBERT & MARYLIN, The C-Zone Peak Performance under Pressure, Anchor Press Doubleday, USA 1984.

LANZ, ANNETTE/REISS, MICHAEL/VON ROSENSTIEL, LUTZ, Change- Management, Schäffer-Poeschel Verlag, Stuttgart 1997.

LASKO, WOLF W., Motivation und Begeisterung, Gabler Verlag, Wiesbaden 2001.

LASKO, WOLF W., Personal Power, Gabler Verlag, Wiesbaden 2000.

LOW, JONATHAN/KALAFUT, PAM COHEN, Invisible Advantage, Cap Gemini Ernst & Young, Cambridge, USA 2002.

LUNDIN, STEPHEN C./PAUL, HARRY/CRISTENSEN, JOHN, Fish, Wirtschaftsverlag Ueberreuter, Wien 2003.

MALIK, FREDMUND, Führen, Leisten, Leben, Deutsche Verlagsanstalt, Stuttgart 2001.

MARKIDES, CONSTANTINOS, All the Right Moves, Harvard Business School, Boston 1999.

MCRAE, HAMISH, The World in 2020, Harvard Business School, Boston 1994.

MOHN, REINHARD, Die gesellschaftliche Verantwortung des Unternehmers, C. Bertelsmann Verlag, München 2003.

MOLCHO, SAMY, Alles über Körpersprache, Mosaik Verlag, München 2001.

MONKS, ROBERT A. G., The Emperor's Nightingale, Capstone Publishing, Oxford 1998.

O'TOOLE, JAMES, Leading Change, Jossey-Bass, San Francisco 1995

PACKARD, DAVID, Die Hewlett Packard Story, Campus Verlag, Frankfurt 1986.

PACKARD, DAVID, The HP Way, Harper Business, New York 1995.

PETER, SIBYLLE ISABELLE, Kundenbindung als Marketingziel, Gabler Verlag, Wiesbaden 1999.

PETERS, TOM, Der Innovationskreis, Econ Verlag, Düsseldorf 1998.

PETERS, TOM/WATERMAN ROBERT H., In Search of Excellence, Warner Book, New York 1982.

PETERS, TOM, Jenseits der Hierarchien, Econ Verlag, Düsseldorf 1993.

PETERS, TOM, Management through Provocation, Dorling Kindersley Book, London 2001, aus dem Buch Roads to Success von Robert Heller.

PETERS, TOM, Managing with Passion, Dorling Kindersley Book, London 2001, aus dem Buch Roads to Success von Robert Heller.

PETERS, TOM, Practising the Theory of Chaos, Dorling Kindersley Book, London 2001, aus dem Buch Roads to Success von Robert Heller.

PETERS, TOM, Small is Beautiful, Dorling Kindersley Book, London 2001, aus dem Buch Roads to Success von Robert Heller.

PETERS, TOM, The Discovery of Excellence, Dorling Kindersley Book, London 2001, aus dem Buch Roads to Success von Robert Heller.

PETERS, TOM, Thriving on Chaos, Excel/A California, USA 1997.

VON PIERER, HEINRICH/VON OETTINGER, BOLKO, Wie kommt das Neue in die Welt?, Carl Hanser Verlag, München 1997.

PITCHER, PATRICIA, Das Führungsdrama, Klett-Cotta, Stuttgart 1997.

PRITCHET, PRICE, New Work Habits for a Radically Changing World, Pritchet Associates, Dallas.

REEVES, RICHARD, Happy Mondays, you can't be good unless you love it, Pearson Education, London 2001.

RIFKIN, JEREMY, Access, Campus Verlag, Frankfurt 2000.

SACKMANN, SONJA A., Bertelsmannstiftung, Erfolgsfaktor Unternehmenskultur, Gabler Verlag, Wiesbaden 2004.

SCHAEFFER, LEONHARD D., The Leadership Journey (HBR).

SCHMIDT, PATRICK L., Understanding American and German Business Cultures, MeridianWorld Press, Montreal 1999.

SCHWARTZ, PETER, Inevitable Surprises, Gotham Books, New York 2003.

SCHWARTZ, PETER, The Art of the Long View, Currency Book, New York 1991.

SENGE, PETER M., Fifth Discipline: The art and practise of the learning organization, Doubleday Publishing, New York 1990.

SPITZER, MANFRED, Lernen, Gehirnforschung und die Schule des Lebens, Spektrum Akadem. Verlag, Heidelberg 2002.

SPRENGER, REINHARD K., Vertrauen führt, Campus Verlag, Frankfurt 2002.

STRÖBE, RAINER W./STRÖBE, GUNTRAM, Motivation, I. H. Sauer Verlag, Heidelberg 1988.

STRÖBE, ANTJE I./STRÖBE, RAINER W., Motivation durch Zielvereinbarungen, I. H. Sauer Verlag, Heidelberg 2003.

TEMPLAR, RICHARD, The Rules of Work, Prentice Hall, Pearson Education, Harlow 2003.

TOFFLER, ALVIN, Der Zukunftsschock, Scherz Verlag, Bern 1970.

TOFFLER, ALVIN, Machtbeben, Econ Verlag, Düsseldorf 1990.

TOFFLER, ALVIN, Preview and Premises, Pan Books, London 1994.

ULRICH, HANS, Gesammelte Schriften 1–5, Verlag Paul Haupt, Bern 2001.

VON HAIMBURG, YORK/RADISCH, GERD F., Virtuelle Teams erfolgreich führen, Verlag Moderne Industrie, Landsberg/Lech 2001.

WELCH, JACK, Exploiting the Forces of Change, Dorling Kindersley Book, London 2001, aus dem Buch Roads to Success von Robert Heller.

WELCH, JACK, Making Managers Lead. Dorling Kindersley Book, London 2001, aus dem Buch Roads to Success von Robert Heller.

WELCH, JACK, Mobilizing the Workforce, Dorling Kindersley Book, London 2001, aus dem Buch Roads to Success von Robert Heller.

WELCH, JACK, Was zählt, Econ Verlag, Düsseldorf 2001.

WETZKER, KONRAD/STRÜVEN, PETER/BILMES, LINDA, Gebt uns das Risiko zurück, Carl Hanser Verlag, München 1998.

WHEATLY & KELLER-ROGERS, A Simpler Way, Berret-Koehler Publishing, San Francisco 1996.

WUNDERER & KUEPERS, Demotivation → Remotivation, Luchterhand Verlag, München 2003.

Über den Autor

Heribert Schmitz (Diplom-Ingenieur, Jahrgang 1943), ehemals Vice President und Vorsitzender der Geschäftsführung der Hewlett-Packard-Gesellschaften in Deutschland, hat mehr als 33 Jahre in verschiedenen Management-Positionen im Softwarebereich, im Vertrieb und im Service gearbeitet, davon 20 Jahre für HP in Deutschland und in Europa.

Seit Ende 2002 ist er Vorsitzender des Aufsichtsrates der Hewlett-Packard GmbH in Deutschland und stellvertretender Vorsitzender des Aufsichtsrates von Hewlett-Packard in Österreich. Außerdem ist er Vice President und Mitglied des Vorstandes der Amerikanischen Handelskammer in Deutschland sowie Mitglied in verschiedenen Beiräten.

Herbert Schmitz befasst sich seit vielen Jahren mit Fragen der Unternehmens- und Führungskultur in Unternehmen und hat bereits viele Vorträge national und international zu diesem Thema gehalten. Er hält an mehreren Hochschulen Vorlesungen über Leadership.

Managementwissen:
kompetent, kritisch, kreativ

Gesetzmäßigkeiten des Unternehmenserfolges

Nur mit hoher Professionalität in der Unternehmensführung können Firmen in Zukunft Erfolge erzielen. Aber: Unternehmen geben Milliarden für die falschen Maßnahmen aus. Meist wird das gemacht, was man gut kann, aber nicht das, was notwendig ist. Dieses Buch zeigt, wie man den Überblick behält und zu den richtigen Entscheidungen kommt. Es bietet eine fundierte Systematik der Faktoren, die Unternehmen zum Erfolg führen.

Wolfgang Strasser
Erfolgsfaktoren für die Unternehmensführung
So werden Unternehmen schneller, schlagkräftiger und wettbewerbsfähiger.
Mit vielen Beispielen und Checklisten
2004. 212 S. Geb.
EUR 34,90
ISBN 3-409-03410-2

BWL-Wissen für Führungskräfte

Ulrich Brecht vermittelt dem interessierten Praktiker BWL-Kenntnisse, die notwendig sind, um ihn bei Entscheidungen zur strategischen Ausrichtung des Unternehmens, der Wahl des betrieblichen Standorts, des Marketing, der Personalarbeit, der Finanzierung sowie bei Beschaffung, Produktion, Distribution zu unterstützen.

Ulrich Brecht
BWL für Entscheider
Kompaktes und umfassendes BWL-Wissen für Führungskräfte
2005. Ca. 288 S. Br.
Ca. EUR 44,90
ISBN 3-409-12742-9

Kompaktes und umfassendes Steuer-Wissen für Entscheider

Das Buch dient der Verbesserung von Entscheidungen ebenso wie der Vorbereitung der strategischen Gespräche mit dem Steuerberater und steigert die Effizienz der Ergebnisse. Mit vielen Mustern, Checklisten und Formularen.

Lothar Theodor Jasper
Steuerrecht in der Unternehmenspraxis
Was Manager und Geschäftsführer wissen müssen
2005. Ca. 256 S. Br.
Ca. EUR 44,90
ISBN 3-409-12587-6

Änderungen vorbehalten. Stand: Januar 2005.
Erhältlich im Buchhandel oder beim Verlag.

Gabler Verlag · Abraham-Lincoln-Str. 46 · 65189 Wiesbaden · www.gabler.de   **GABLER**

MIX
Papier aus verantwortungsvollen Quellen
Paper from responsible sources
FSC® C105338

FSC
www.fsc.org

If you have any concerns about our products,
you can contact us on
ProductSafety@springernature.com

In case Publisher is established outside the EU,
the EU authorized representative is:
Springer Nature Customer Service Center GmbH
Europaplatz 3, 69115 Heidelberg, Germany

Printed by Libri Plureos GmbH
in Hamburg, Germany